此书献给青篪，
也献给素园——我们的纯净世界。

闪电增肌

仰望尾迹云·著

電子工業出版社
Publishing House of Electronics Industry
北京·BEIJING

图书在版编目（CIP）数据

闪电增肌/仰望尾迹云著. —北京：电子工业出版社，2019.3

ISBN 978-7-121-35955-2

Ⅰ. ①闪…　Ⅱ. ①仰…　Ⅲ. ①肌肉－力量训练　Ⅳ. ①G808.14

中国版本图书馆CIP数据核字（2019）第015350号

策划编辑：于　兰
责任编辑：于　兰
特约编辑：于　静
印　　刷：北京七彩京通数码快印有限公司
装　　订：北京七彩京通数码快印有限公司
出版发行：电子工业出版社
　　　　　北京市海淀区万寿路173信箱　　邮编：100036
开　　本：880×1230　1/32　印张：9　字数：227千字
版　　次：2019年3月第1版
印　　次：2024年5月第8版
定　　价：65.00元

凡所购买电子工业出版社图书有缺损问题，请向购买书店调换。若书店售缺，请与本社发行部联系，联系及邮购电话：（010）88254888，88258888。

质量投诉请发邮件至zlts@phei.com.cn，盗版侵权举报请发邮件至dbqq@phei.com.cn。

本书咨询联系方式：QQ1069038421，yul@phei.com.cn。

PREFACE

前言

健身增肌圈子很乱。

乱在哪儿？主要存在如下几个矛盾。

一个是经验和科学的矛盾。增肌训练在国内发展时间不长，尤其是科学增肌，可以说现在还没有发展起来。

所以，很多人把增肌看得很神秘，只是有一点点朦朦胧胧的了解。

大多数人学习增肌，不是在网上学，就是跟别人学。跟别人学，学到的只是一种个人经验。

经验没价值吗？肯定有价值。但是，增肌是严谨的科学，仅靠经验是不够的。

个人经验，用科学的语言叫“见证叙述”。在我们日常生活中，拿健身来说，这种“见证叙述”非常常见。比如一种补充剂，很多人会说我喝了管用，你也喝吧！一种训练方法，有人会说，我就这么练，效果特棒，胳膊粗了两圈！你这么练就对了。

大多数人会对这种个人经验深信不疑，甚至现在很多人在网上还专门问，“谁用过××牌子的补充剂？出来说说。”

但是，经验毕竟只是经验，不是科学，不能作为科学证据。用经验指导训练，很容易出问题。

原因主要有三个。第一个原因就是，一个人的情况不能说明问题，样本数量太少。一个人的经验用到无数人身上，这怎么行？这个道理不必多说，很简单。

第二个原因就是，个人在总结经验的时候，会找成功的原因，但是找得对不对是个问题。

比如有的人用了一种训练方法，觉得好。但是增肌只跟训练有关吗？它还跟饮食大有关系。如果有一阵子训练效果更好一些，可能是饮食做到位的原因。

而科学实验，则要尽可能地把干扰因素排除掉或者控制住，不同训练方法进行比较，实验被试的饮食要求起码要是一样的。

此外，增肌效果还不仅仅跟训练、饮食有关，它还跟个体差异、训练年限、恢复情况、身体健康状况等因素有关系。

第三个原因就是安慰剂效应。

在科学哲学界有句话很有名，叫“在本世纪（20世纪）以前，整个医学史，只能说是安慰剂效应的历史。”

安慰剂效应的力量非常强大，比如有数据显示：安慰剂效应的“有效率”，在抑郁症治疗中是29%，在十二指肠溃疡治疗中是36%，在偏头疼治疗中是29%，在食道炎治疗中是27%。而且，还有人“神奇”地对安慰剂成瘾，不吃不行，剂量还越来越大。

增肌训练也是一样，同样逃不过安慰剂效应。各种补充剂，吃了觉得有用，就真的有用吗？各种训练方法，感觉好，就是真的好吗？

所以，经验虽然有价值，但是在增肌这件事上，还是要相信科学，遵从科学。科学是什么？是学术书、学院派。但是这些东西，读者一般接触不到，也“啃”不动。

而本书就是把这些难啃的、枯燥的学术知识，用通俗的话总结出来，让健身新手在一开始就接触到最科学、最严谨的健身知识，少走弯路。

健身增肌圈子里的第二个矛盾，就是训练和饮食的矛盾。

现在绝大多数人都“只会练不会吃”。

实际上，增肌效果跟饮食的关系非常非常大。“只会练不会吃”，增肌效果要大打折扣，甚至可能让人白练。

但是，增肌饮食涉及运动生理学、运动营养学，非常复杂，需要扎实的基础和大量的学习研究，很多人对此望而却步。而增肌训练则相对直观，相对容易讲出个“门道”，这也是目前市面上讲增肌训练多、讲增肌饮食少的原因。

市场上也有很多健身书，但是系统地讲训练营养的少之又少。而本书专门用两章来讲训练营养的内容。

健身增肌圈子的第三个矛盾是增肌和减脂的矛盾。

很多人知道增肌怎么练、怎么吃，但是不知道减脂怎么练、怎么吃，最后造成一种尴尬的局面，增肌好不容易长了点肌肉，但是脂肪也跟着长了，身体变得又肥又壮，既不好看，也不一定健康。

还有一种情况是，很多人增肌后发现脂肪也增加，所以又想要减脂。而减脂的时候，因为方法不对，可能脂肪减了，但把辛辛苦苦练出来的肌肉也减掉了。这种情况，即使在健美运动员那里也不少见。

增肌者减脂，跟普通人群差别很大，对饮食、训练、有氧运动要求更高。总的来说，想减脂时不把肌肉也减了，就需要一套完备的方法。本书最后一章就专门介绍了健身增肌训练者怎么减脂的问题，从饮食到运动，事无巨细，全面透彻。

对健身增肌者来说，这是一本通俗、全面、深入、有效的系统增肌书，是一本很值得用心去读的书。

CONTENTS

目录

CHAPTER

OI

第一章

认识健身房和训练器械

每个男人，身体里都有个肌肉男

每个男人都能变成肌肉男？可能有人不信。没关系，我先给大家讲个真实的案例。

看到下面几张照片，你们可能会很惊讶。照片里的人是我增肌训练课的一名学生，也是我的朋友，佳男。这是他通过减脂和增肌训练，一步步获得的巨大改变。

佳男曾经是个只有110斤重的瘦弱的男孩，后来又曾一度胖到了190斤。190斤的时候，他睡觉鼾声如雷，大学的室友形容他睡觉“不是一个人，而是一支军队”。后来佳男意识到，自己必须减脂了。

这个过程绝对不轻松，但是佳男成功了，而且成功得很漂亮。

他立志开始减肥是在大学二年级的时候，而2017年，还在上大学的他，就获得了全国健身健美公开赛高校组的冠军！

很多人光减肥就减了很多年，也不成功。也有不少人做增肌训练，几年下来，就是见不到成效。佳男却能在这么短的时间里获得这么巨大的成功，我总结主要有两个原因。

第一，也是最重要的，他有一颗坚持不懈的决心，能坚持，肯下功夫。佳男取得了巨大的成功，在这个过程中，执着与坚持是基础。

第二，他掌握了科学的方法。好的方法能让你事半功倍。用佳男自己的话说，想要“野蛮”的体魄，就先要“文明”自己的头脑。学习是件非常重要的事。

很多人可能也像佳男一样，对自己的身材不满意，但从来不敢想自己能变成肌肉男。作为普通大众当中的一个，你可能觉得，肌肉男是可望而不可即的，是在银幕上、杂志上才有的，那可不是一般人。

实际上，我可以负责任地告诉你。只要是健康人，只要肯努力，人人都能变成肌肉男。

第一章，我们就先简单谈谈增肌的概貌。

很多人可能觉得增肌很难，实际上增肌并不难。肌肉通过训练增大，这是人体的一种自然的运动适应能力。通俗地说，当我们费力地去完成肌肉收缩的时候，肌肉会意识到自己不够大，于是就会自然地增大，来适应身体面临的挑战。

人的肌肉的这种适应能力，基本上是针对全年龄段的成年人的。除了青春期之前的少年，因为雄激素水平很低，所以增肌的潜力比较小之外，即使是60岁以上的老年人，肌肉的适应能力还是很强[1]，通过合理的力量训练再配合饮食，都能做到明显增肌。

当然，增肌潜力最大、最容易增肌的人群，还是青年和中青年人群，大致就是青春期后到40岁之前的人。

从性别上说，男性的增肌潜力要远远高于女性，但并不是说女性就不能做到增肌，也可以，只不过潜力很有限。这主要是因为女性的雄激素水平远低于男性（女性也有雄性激素，很多人认为女性没有雄激素，其实是一种误解）。

所以，实际上这本书女性也可以读。但因为增肌的主要目标群体还是男性，所以本书中，我们没有特别多地专门去讲关于女性增肌的知识。

增肌不但是大多数男性可以做到的，而且还是相对容易做到的。这个“容易”是跟其他一些运动项目相比而言的。

比如你想学跳舞，可能需要每天练习一定的时间，训练很久；想学球类运动，或者想变成一个轮滑高手，也需要长期而艰苦的训练。但是增肌不同，增肌的训练，有点“重质不重量”的感觉，不需要特别辛苦，而且见效也很快。

很多人，包括缺乏专业知识的网络媒体，有种错

[1] Jubrias SA, Esselman PC, Price LB, Cress ME, Conley KE. Large energetic adaptations of elderly muscle to resistance and endurance training [J]. Journal of Applied Physiology 90: 1663-1670, 2001.

误的观念，他们认为想练成肌肉男需要每天花几个小时的时间，挥汗如雨地举哑铃、起杠铃上千次，做俯卧撑和仰卧起坐上千次，实际上根本不是这样。

我可以告诉你，对于一个从来没做过增肌训练的新手来说，头半年到一年的增肌训练，只需要每周练3次[2]，每次1个小时左右就够了。拿仰卧起坐来说，根本不需要做几百上千次，同样是对新手来说，一组15次，做2 ~ 3组就够了[3]。

你可能不相信，但这是事实，增肌其实并不是靠“量”的积累，而是靠“质”的刺激。

中国文化一直有“重勤”的传统，喜欢把一切的成功都归结于勤奋、数万次的重复、超常人的付出，以及用汗水、泪水甚至血水去浇灌，等等。我们以勤为美德，所以不管取得什么成就，都喜欢说，这是靠勤奋、靠量的积累做到的。不可否认，有些事是这样，但也有些事是例外的。

我们习惯于认为，训练肯定辛苦。你看体育运动员，多辛苦，才能拿到好成绩。但实际上，增肌真的不需要太辛苦，关键还是看会不会练，会不会吃。

注意，我们还强调了会不会吃。很多人练肌肉，练了很久没成效，问题往往就出在饮食营养上面。练肌肉，可以说是“五分练，五分吃”，吃对、吃够很重要。

[2] Wernbom M, Augustsson J, Thomee R. The influence of frequency, intensity, volume and mode of strength training on whole muscle cross-sectional area in humans [J]. Sports Med 37(3): 225-264.2007.

[3] Fleck SJ, and Kraemer WJ. Designing Resistance Training Programs. 4th ed. Champaign, IL: Human Kinetics, 1-62, 179-296, 2014.

还有人喜欢讲休息，说增肌是“训练、饮食、休息”，其实休息这件事并没有必要特别去提，因为除了在训练后给肌肉本身足够的恢复时间之外，只要做到普通人的充足睡眠、合理作息就足够了。

当然，说增肌训练简单，也要看你定的目标。如果你的目标是做健美冠军，那就需要很辛苦了；但是如果只是想做一个让普通人眼前一亮的肌肉男，只要方法对头，这个过程其实一点也不难。

变成肌肉男是个系统工程，方法全面最重要

增肌，在很多人的印象里，就是一大堆训练动作。在他们的观念里，增肌是“怎么做动作”的问题，好像动作做标准了，就能练成大块头，做不标准就跟白练了一样。

很多增肌书一翻开，全是一幅一幅训练动作的图片。大多数增肌培训，也往往只讲训练动作。健身房里很多所谓的训练老手，同样是喜欢一上来就给人讲动作。其实，训练动作仅仅是增肌“系统工程”里的一个小方面而已。

如果增肌是一棵大树，那么训练动作就只是几丛树枝而已。这么说夸张吗？一点儿都不。

为什么大家会把训练动作等同于增肌的全部？这是因为：

1. 训练动作最直观、最形象化。

增肌总要做点什么。饮食，我们习以为常，就是吃饭而已。训练的时候，训练的细节，比如负重、组间休息、动作速度、容量等，都不是那么直观；最直观、一眼就能看到的，就是动作。所以很多人会把增肌错误地等同于一个个训练动作。

2. 讲训练动作最简单。

增肌系统工程当中的其他因素，比如营养、内分泌、肌肉生理解剖等方面的知识，讲起来难度都要比训练动作大得多。

要系统了解这些，需要扎实的运动生理学、运动营养学等方面的知识，这不是谁都能做到的，而且很少有人会去费精力学习这些枯燥的东西。

反过来，训练动作则要简单、直观、易学易懂得多。说句大实话，训练动作方面，别管对错，上网读几天文章，基本上人人都能说上几句。

增肌的各种训练动作被错误地认为就是增肌的全部，所以很多人把关注点就放在这上面，从而忽略了很多其他更重要的因素。

比如，同样一个动作，用5公斤的哑铃和用15公斤的哑铃去训练，最后的结果是截然不同的。如果用25公斤的哑铃去训练，则又是另一种效果。

还是这个动作，快速收缩的训练是一个效果，慢速收缩的训练又是一个效果；举起快放下慢和举起慢放下快，效果又不同，甚至，有的时候只做动作的“放下”部分（离心运动阶段），效果会更好。

更不要说，组间休息的时间、训练部位的顺序、训练的容量、训练的组数等方方面面的因素，都对最后的增肌效果影响非常大，我们都要考虑到。

增肌怎么吃就更复杂了。

蛋白质、脂肪、碳水化合物、维生素和各种微量营养素都应该什么时候吃、吃多少、怎么吃？

各种增肌补充剂，蛋白粉、增肌粉、谷氨酰胺、BCAA、肌酸、氮泵、β-丙氨酸，等等，都该不该吃、怎么吃、吃多少？

光一个碳水化合物，又分成高GI、中GI、低GI，各有不同的作用。训练前、中、后，和平时一日三餐、两顿加餐，这8个饮食时间点，分别适合吃哪种GI的碳水化合物？又该吃多少？

这么多的问题，是不是觉得增肌很复杂？确定，这还只是随便列举了一些最常见的增肌训练的营养问题呢。

众多复杂的增肌影响因素都要控制得对、控制得好，增肌的系统工程才算做到位，增肌才能有效果，才能事半功倍。增肌，绝不仅仅是几个训练动作那么简单。

但反过来说，增肌也是件会者不难的事，说简单也简单。所以大家不要怕，虽然说增肌涉及方方面面的知识，似乎让人无从下手，但是本书就可以帮助大家解决这个问题。

在本书中，我会用“大白话”，把增肌需要的、实用的系统知识全部告诉大家。有了系统的增肌知识的支撑，你的增肌就不会是件难事了。

当然，训练动作虽然不是增肌的全部，但不可否认，它很重要，我们也会详细地讲动作。

本书第一章从训练器械和了解健身房入手，把新手带进增肌系统知识的世界里；第二章从宏观的角度告诉你增肌训练到底该怎么练，一节增肌课到底是什么样的，具体训练时要用多大重量，一个动作要做多少组，组间休息要多长时间，做动作的速度是快点好还是慢点好，等等。

在第三章，我们对照基本的运动解剖来讲训练动作，一个部位一个部位地讲，一个动作一个动作地讲。

第四章讲如何制订训练计划。

第五章详细讲增肌怎么吃。

第六章的内容涉及各种增肌的补充剂。

在第七章，我们谈谈怎么预防和治疗常见的运动伤害。这也很重要，新手就怕不懂瞎练，一旦受伤，训练基本就废了，而且如果形成慢性损伤，还有可能会跟你一辈子。

第八章，也是全书的最后一章，我们讲减脂。光增肌不减脂，身材还是不好看，顶多从所谓“虚胖”变成“肥壮”。而且，增肌者减脂，跟普通人减脂还不一样，要求更精细、更复杂，比如减脂的时候不能把辛辛苦苦练出来的肌肉也减掉了。该怎么做，书里都会详细介绍。

增肌一定要去健身房吗

很多人觉得，增肌一定要去健身房，不去健身房就没法儿增肌。其实这种想法是不对的。

正确的是，增肌，去健身房效果更好，但不见得不去健身房就没办法增肌。

去健身房效果更好的原因也很简单，就是因为健身房的器械更全。例如，有些训练动作，我们不去健身房，不依赖健身房的器械，就没办法去做；有些位置的肌肉，不去健身房，就只能用有限的动作去训练。

举例来说，背部肌肉，如果不去健身房，在家不依赖任何器械，很难有动作能直接训练到它（如果非要想办法也能找到动作，但是很勉强）。练胸肌我们好歹还能做俯卧撑，但是练背部肌肉，总要依赖器械。

如果有个单杠，我们可以做引体向上，但是如果仅仅依赖单杠，那么基本上也只能做这一个动作了（最多就是动作上稍微做点变形），可选择的动作很少。

因为可选择的动作很少，所以对背部肌肉的训练效果也就比较差。想要肌肉练得好，一个部位的肌肉最好要用多种动作来训练。

去健身房就不一样了，可选的器械很多，通过做各种各样的练背的动作，可以对背部肌肉进行全面的刺激，这样训练效果就要好得多。

那么，如果有副哑铃，在家训练是不是就跟在健身房一样了呢？哑铃属于自由重量训练器械，有一副哑铃，可训练的动作就多很多了，基本上全身的部位都可以训练到。

但是仍然有些地方，单靠哑铃来训练还是很吃力，因为哑铃不能改变阻力的方向，哑铃的阻力方向永远只能向下。而我们用健身房中复杂的固定器械，靠滑轮、靠绳索，可以改变阻力的方向，这样就给我们设计训练动作提供了更多选择。

去健身房练肌肉效果更好的另外一个原因，就是负重的问题。

比如，如果用引体向上来训练背部肌肉，我们利用的就是自身的体重作为负重，这就带来一个问题，这个负重的重量，是基本不可以调节的。

说到负重，这是增肌的一个最基本、最核心的原则。大家都知道，我们想要肌肉变大，需要去训练它。或者有些人模模糊糊地知道，我们需要借助重东西来训练肌肉，比如哑铃、杠铃。

这就是说，想让肌肉变大，就需要给它施加压力，让它去应对比平时日常生活中更重的东西。我们平时端起一杯水来喝，不会让肌肉变大，因为我们的肌肉早就适应了一杯水的重量。

但是假如我们把一杯水换成一个10公斤重的哑铃，那么练哑铃一段时间，肌肉就会变大。因为这时候肌肉很吃力，它需要变大来提供更大的力量以应对这个“挑战”。这就是负重和增肌的关系。

增肌的时候需要负重，有了负重，肌肉会变大，力量会增强。慢慢地，肌肉就适应了这个重量，不会再变大了。这时候，我们想让肌肉再增大，就需要增加负重，让肌肉再次面临更重的“挑战”。

但是，对于用我们的体重作为负重的引体向上，想增加负重不是很方便的事，这就比不上能提供不同重量的训练器械的健身房了。所以，如果不用一些特殊的方法（比如用负重带、往身上挂重物等），那么引体向上这种自重训练，很难把肌肉练得特别大、特别漂亮。

所以，总的来说，要想把肌肉练得很漂亮，有一定的块儿，还是应该去健身房的。健身房有不可替代的优势。

经验老到的增肌训练者，在家准备一副足够重的哑铃、一个杠铃和足够重的杠铃片，以及哑铃凳、深蹲架等这些基本的设备，倒是也能勉强满足大部分的训练要求。但是，这并不适合新手，因为动作的设计需要足够的经验，并且灵活地掌握运动解剖原理，这不是一般新手能做到的。

另外，这样训练的危险性也要高得多。自由重量器械，毕竟没有固定器械安全。而且，这些器械放在家里占很大的空间，使用起来也不方便。

利用小区里的单杠、双杠，配合一些负重，倒是也能做一些力量训练，但仍然只是“凑合”练而已，很难练出特别好的肌肉，甚至不容易练出明显的肌肉。

所以，如果想要增肌获得不错的效果，把肌肉尽可能练好，那么还是应该去健身房，尤其是在增肌的新手阶段。

健身房里都有哪些训练器械

接下来我们讲增肌训练需要哪些训练器械。最主要的增肌训练器械分为三大类：一类固定器械，一类自由重量器械，还有一类是小型训练器械。

简单来讲，固定器械指放在那儿固定不动的训练器械，对于普通人来说，就是那种“大型健身器”，比如下面图片中的坐姿卧推器。

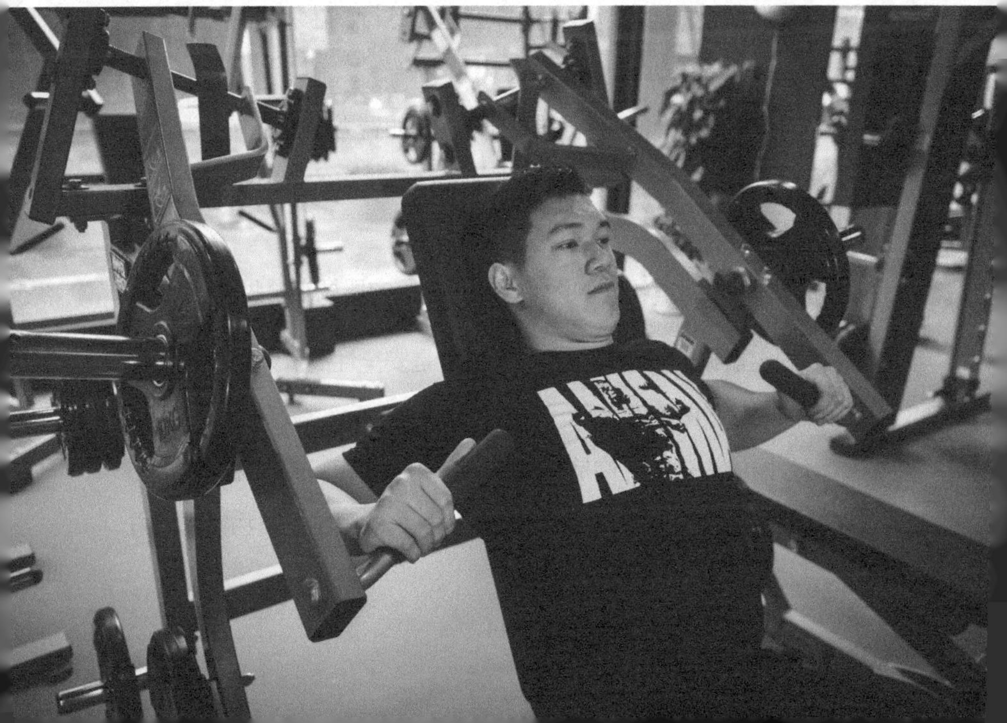

按照负重方式不同，固定器械又分成两类，一类是通常的固定器械，还有一类是液压器械。前者最常见，负重有的是一层层的铁排，有的是杠铃片；后者是用一个液压桶作负重，现在用得不多。

有人觉得，固定器械之所以叫固定器械，原因就是它很大，有固定地方放置，不容易搬动，其实这种理解不对。固定器械的"固定"二字，更好的理解是器械的使用方法是固定的。使用固定器械的时候，能够活动的范围、能够活动的轨迹，基本都是固定的。比如坐姿卧推器，把手只能往前推，目的是让你训练坐姿推胸这一个动作。

但是哑铃、杠铃就不一样了，怎么使用、怎么活动都行，所以叫"自由器械"。

什么叫自由重量器械。很好理解，就是指哑铃、杠铃，也包括壶铃、负重包、负重桶之类的东西。总之，自由重量器械的一个要素就是自由，不但可以拿着走，在这儿练行，在那儿练也行，而且，更关键的是活动轨迹很自由。

第三类就是其他的小型训练器械，比如臂力棒，还有弹力带、握力器等。总之，都是用弹簧或者弹力橡胶带等的弹力作为负重的训练器械。

不同训练器械有不同的优点和缺点。固定器械有哪些优点呢?

1. 固定器械的一个很重要的好处就是安全性高。为什么高？因为高在"固定"两个字上。

因为器械的运动轨迹是固定的，它规范了我们的训练动作。在大多数固定器械上，想乱做动作也做不到，它限制了重物往其他方向“乱跑”。

但如果我们做杠铃卧推，不但要推起杠铃，还要防止杠铃向左右歪、往前后跑，因此就需要很多肌肉参与进来，稳定住杠铃，稳定住动作。

一旦某个部位的肌肉力量不足，可能就控制不住杠铃。杠铃一歪，就会出安全问题。

2. 固定器械的第二个好处，就是它的阻力线可以改变。什么是阻力线？我们练肌肉，就是要对抗一个重量，比如举哑铃，就是对抗哑铃的重量。

我们都知道，重力的方向是竖直向下的。哑铃想要往下掉，我们就把它往上举，这样肌肉就得到了训练。

哑铃这个竖直向下的重力线，我们可以理解成是阻力线，这就是我们要对抗的阻力。但是哑铃、杠铃这类器械，它们的阻力线有个特点，永远是竖直向下的，这是由地球引力决定的。所以我们在对抗这个阻力的时候，也只能往上举，最多是往斜上方举，否则就是无效的。

而固定器械使用滑轮、绳索、杠杆之类的机械设计，改变了阻力的方向，所以我们不但可以往上用力练各种举的动作，还可以往下用力练拉的动作，或者横着用力练夹的动作。

很多肌肉部位的训练，我们依赖固定器械，比如上臂的肱三头肌，无论是训练“小白”还是经验丰富的训练老手，谁也离不开固定器械，因为只有固定器械才能做往下压的动作，杠铃、哑铃都做不了。

3. 固定器械的其他好处还包括：阻力比较持续、阻力可变。这些问题比较枯燥，咱们不展开讲。

总之，固定器械有不少自由重量器械无法替代的好处，尤其是它的安全性，这对新手来说特别重要。

但固定器械的缺点也不少，主要有下面两点。

1. 训练动作的离心运动阶段可能会损失阻力。什么叫离心运动呢？刚才我们提到过，后面还会专门讲。这个地方大家先记住结论就可以了。

一个训练动作的离心运动阶段，对增肌很重要，但是固定器械，因为有滑轮、导轨、绳索的摩擦阻力，所以重物往下放的时候，我们会感觉轻松一些，给我们提供的阻力就小了，尤其是润滑不好的固定器械，这个问题很明显。

而自由重量器械不存在这个问题，哑铃、杠铃都是“悬空”使用的，上去多重，下来一般也多重。

固定器械里面还有一类是液压器械。液压器械是用液压力来提供阻力的。因为这类器械完全不能在动作的离心部分提供阻力，所以拿液压器械来增肌效果要差得多。

2. 运动轨迹太稳定，对目标肌肉训练效果还可以，但对其他肌群的附带训练效果就差一点了。

刚才说了，杠铃、哑铃会“乱跑”，你要想稳定动作，就需要很多肌肉一起使劲，这样的坏处是不适合新手，因为很多新手的小肌群力量小。但是反过来说，也有好处，那就是不但训练了目标肌群，还附带着训练了其他一些小肌群。

固定器械有优势也有劣势，所以有些人说“想练肌肉必须用哑铃、杠铃，固定器械没用”，这未免偏激。我们使用固定器械的时候，要尽可能地利用其优势、回避其劣势就可以了。固定器械永远是增肌训练中不可缺少的一类训练器械。

我们再说说自由重量器械。其实自由重量器械的缺点就是固定器械的优点。

1. 安全性差，尤其是对于新手来说。这点正好和固定器械相反。

2. 阻力线方向只能垂直向下，有些动作做不了。自由重量器械，不管是哑铃、杠铃还是别的，都是我们直接去接触重物，重物的重力线永远是竖直向下的，所以我们有些训练动作，利用自由重量器械是做不了的。

3. 阻力几乎不可以改变，有些动作阻力不能持续。

自由重量器械的优点呢？其实反过来说，也是固定器械的缺点。

1. 因为稳定性差，所以有更好的附带训练效果。

自由重量器械不像固定器械，它没有什么稳定性，要想稳定动作就要靠我们的肌肉协调产生的力，这样就对不同肌群的整体训练效果比较好。比如训练某个动作，可能顺便就增强了其他肌肉的力量。

要提高整体力量，像举重运动员，一般会更偏重使用自由重量器械，因为它对肌肉协调发力完成动作的训练效果会更好。

2. 离心运动阶段的阻力基本不损失。这个我们在讲固定器械的时候已经讲过了。

最后说一下用弹簧、弹力带作为阻力的小型训练器械。如果这类器械用来增肌，有效果，但是效果会比较差，所以不推荐将它们作为主要的训练器械来使用。

总的来说，对于新手，建议以使用固定器械训练为主。好处一个是安全，另一个是可以在我们还不很熟悉动作怎么做的时候，起到纠正动作的作用，因为只要按照器械固定的运动轨迹去做一般都是对的。

对于有一定训练经验的人来说，可以逐步提高自由重量器械的使用比例，这样做的好处是有助于全面提高力量，获得比较均衡的增肌效果。另外，动作在离心运动阶段的训练也能获得更好的保证。

再次强调，固定器械、自由重量器械没有绝对的优劣之分。只要合理地使用，发挥这两类训练器械的最大优势，才是最聪明的办法。

如何使用健身房里的训练器械

怎么使用训练器械，其实具体来说是一个训练动作的问题。这里我们大致说一下，固定器械、自由重量器械两类训练器械应该如何使用。

我们先说自由重量器械。

自由重量器械主要是指哑铃、杠铃，它们使用起来很简单，因为这类器械只能从下往上提、举、抬。

所以使用这类器械的时候，我们根据训练部位的不同要求，摆好身体的姿势很重要。哑铃、杠铃的走向可以是直上直下，也可以是斜上斜下。不管是哪种，一个动作的训练方法，基本都是一样的。

而固定器械的使用就比较复杂了，因为不同的品牌有不同的复杂的机械设计，所以练同一个动作的器械，可能样子看起来差别会很大。

大家看下图，这是一组“长”得不一样的器械，但都是夹胸器，都是用来做夹胸这个动作的。

对于新手来说，一看到固定器械就容易犯迷糊，不知所措。书里教训练动作，只能教动作而已，不可能把所有设计各异的固定器械都给大家讲一遍，这不现实。

所以，我们的方法还是要通过动作来认识器械。（当然，多数固定器械上面也有图示，告诉你这个器械是训练哪个部位的，但是仅仅靠图示，新手还是不一定能很好地使用器械。）

也就是说，针对同一个训练动作，可以设计出很多种样子不一样的训练器械，但不变的是这个动作本身的运动轨迹。所以，我们只要学会了动作，就可以适应不同的训练器械。

比如“坐姿划船”这个动作，针对它的训练器械设计得五花八门，新手容易迷糊。那我们不看器械就看动作。

“坐姿划船”的基本动作轨迹就是，坐着，胳膊伸到前面去，抓住把手往后拉，大概就是一个用双桨划船的动作。所以叫“划船”。不管训练器械怎么设计，它都是让你去做这个动作的。

所以，把握了动作的基本运动轨迹，我们遇到各种不同的训练器械，试一试，很快就能明白它怎么使用了。

怎么试呢？我们把握住固定器械的两个重要位置。一个是座椅，固定器械大多数是坐着用的（当然，有的器械是站着用的），所以我们先找到坐的地方，坐下再说。

坐好后，我们找第二个重要位置，就是把手，或者踏板。把手是手抓的地方，踏板是脚踏的地方。我们练肌肉，训练动作很多，但绝大多数动作，都是通过胳膊或者腿的活动来完成的。

找到了手抓和脚踏的地方之后，我们把器械的重量调节到最低，用手推拉或者用脚蹬踏，固定器械就会按照设计好的轨迹活动，这时我们识别一下动作是哪个动作，就知道这个器械是练什么部位的，以及怎么用了。

当然，这是通常的方法，适合大部分固定器械。对于个别器械，大家在使用的时候，配合器械上的图示，必要时再请教一下健身房熟悉器械的教练就可以了。

另外，我们平时可以多看一些网上的训练视频，多熟悉各种不同设计风格的训练器械。

如何选择适合你的健身房

很多人不了解如何选择健身房，我这里简单说一下。

当然，首先看品牌，看价格。选择大品牌的、服务好的、价格适合自己的连锁健身房，这自不待言。

其次，如果你是训练新手，那么最好选择一个固定器械很全的健身房。同时，找几个固定器械试试看，看器械保养维护得怎么样。

第三，如果你还有减脂的需要，那么要看看有氧训练器械多不多，是不是适合你。比如有些人膝盖不好，跑步机就不太适合你，对你来说，这个健身房有足够多的椭圆机和固定自行车更重要。

看器械的数量，主要是考虑你在健身高峰期能不能抢到器械的问题。但如果你是上午或者下午去健身房训练的话，一般也不存在抢器械的问题了。

最后，如果在健身房洗澡的话，看看浴室的设备怎么样。还可以跟教练聊聊天，看看教练的素质如何。

如果在家训练，你需要准备些什么

有的人可能没机会去健身房，只能在家训练。我前面讲了，如果做得很到位的话，在家训练也能获得不错的训练效果。但是相对来说，在家训练需要更丰富的训练经验，还需要一些器械和场地投入。

如果选择在家训练，大多数人可能没有足够大的场地放置大型的固定器械，那么只能用哑铃、杠铃，甚至杠铃对于大多数家庭来说可能都有点大了。所以，在家训练，最基本、最实用的器械就是哑铃。

怎么购买哑铃呢？除了产品质量本身之外，要考虑到以下两点。

1. 买固定重量的哑铃，还是买可拆卸重量的哑铃？

固定重量的哑铃，就是中间一根铁杆两边有两个拿不下来的“铁疙瘩”，重量不能变。可以拆卸重量的哑铃，重量是可以调的，一般两边是能拧的螺环，配有很多大小不同的哑铃片。

这两种哑铃相比，毫无疑问，可以拆卸重量的哑铃更好。

因为我们要做增肌训练，一副哑铃练全身不同位置的肌肉。那么不同的部位，不同的训练动作，需要的重量都是不一样的，固定重量的哑铃显然不能满足这个要求。

比如我们练肩，做推举动作，重量可以比较大；但是做平举动作，能使用的重量就小得多。所以固定重量的哑铃满足了一部分动作，就不能满足其他动作。

另外一个原因，在增肌训练过程中，人的力量会不断提高，这样就需要不断提高负重的重量。一个动作，一开始用5公斤的重量练很吃力，练了一两个月可能就能用10公斤的重量练了，这时候就需要换成10公斤的哑铃，如果再用5公斤的来练，就没用了。

所以，买一副可拆卸重量的哑铃是必要的。

2. 买多大重量?

如果买一副一共重10公斤的哑铃，那么对于大多数男性来说，很快重量就不够用了，甚至可能一开始做有些动作时重量就不够用。所以，要考虑到以后力量增长的需要，一开始就买够重量很有必要。

一般来说，对于男性，买一副，即两只一共30公斤重的哑铃，就足够用一阵子了。有人觉得，30公斤两只，那么一只哑铃最大的重量就是15公斤呗，够用吗？其实也不是这样。

30公斤一副的哑铃，如果平均来安排哑铃片，那么一只是15公斤。但是我们也可以把哑铃片都往一个哑铃上装，这样就可以装出一只很重的哑铃来，这时做很多动作就足够用了，因为很多训练动作其实都是单手动作。

当然，如果是双手动作，那就没办法了。不过有不少动作都可以双手变单手，这方面你可以灵活掌握。

然而对于大肌群，比如腿、胸这些部位，大家就不要想着在家里准备足够重的哑铃来练了，因为这些部位的肌肉，训练到一定年限之后，需要的哑铃会非常重，自己准备不现实。所以，在家训练，我们一开始就说了，效果有限，只能满足一般的训练要求。

一副哑铃准备好之后，还需要一个哑铃凳。

哑铃凳就是一个窄长的凳子，可以把凳子的一边调高，变成一个高背的椅子。买哑铃凳的时候，要考虑够不够结实，另外要看调节能力如何、调节范围够不够大。

有了一副足够重量的哑铃、一个可调的哑铃凳，那么在家里，基本部位的肌肉就都可以练到了，可以满足一般的训练要求。

本书后面会介绍很多用哑铃凳和一副哑铃就能完成的训练动作，帮助你在家也能完成基本训练的目标。

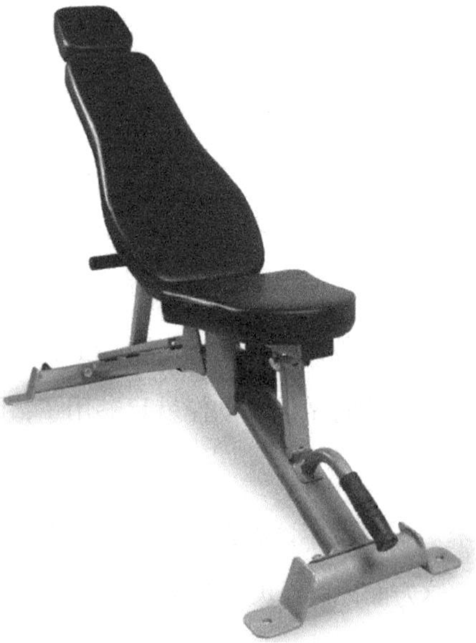

学增肌要有点开放思维

我们最后讲一点增肌的理念，这些理念非常重要，可以认为是之后几章内容的统领。只学习具体的知识，但不把握理念，你的增肌训练一定会事倍功半，走不少弯路。

我先给大家讲个小案例。

我有个朋友也练了几年了，但是一直练得不好。为什么？他老纠结，到底怎么练才是唯一正确的方法。在这个过程中，他到处找人学习，看各种健美杂志，发现一个人一个说法，一个冠军一个说法。结果他这种方法也用，那种方法也用，老在摸索所谓“最好、最正确的”，最后把自己练乱了，花费了大量时间，也没练成什么。

我们学健身知识，要学的绝不仅仅是具体的知识，更重要的是学一种科学的思维方法。比如有人问我，说书上讲离心收缩带来肌肉酸痛，肌肉酸痛带来肌肉变大，那向心收缩有什么用呢？其实这个问题本身就有问题。

离心收缩会带来更明显的肌肉酸痛，不代表向心收缩就不会带来肌肉酸痛。同样，我们说，肌肉酸痛很可能跟肌肉增大关系密切，但并不是说肌肉酸痛就是肌肉增大的唯一原因。

这就是说，增肌的知识大多都是开放性的，是表示一种程度和概率的结论。在这个领域，很少会有非黑即白、非对即错的知识。

为什么呢？因为真正的科学，本身就不可能非黑即白、非对即错。增肌也是一样，伪科学把增肌说得很简单：泵感=增肌，酸痛=增肌，这么练就一定能长肌肉，那么练就绝对白练。其实这都是不具备科学精神的思维方法。

所以对于增肌，我们首先应该学会用开放性的思维去思考问题，接受开放性的、具有不确定性的知识。如果非要找一个确定的、100%正确的答案，那么你的增肌之路就容易变得很迷茫。

现在关于人体和运动的很多东西，学术界也说不清。遇到实际的问题，很多时候，没有什么唯一的、最好的答案。

那么增肌问题怎么解决呢？我们都是用一种可能有最大收益的方法去试。

比如，增肌应该用多大负重的问题。社会上、网络上的说法五花八门，各种各样，但是大多数说法有一个共同的特点，就是告诉你一个所谓唯一正确的答案，这么做就是绝对正确的，别的方法都不对。

比如，有的说增肌就应该用轻重量，大重量不对；有的说增肌就应该用8 ~ 12RM的重量，有的说应该用5 ~ 6RM的重量，无论哪种说法都是斩钉截铁地认为就自己正确，其他都是胡说。而事实是，一大堆言之凿凿的结论背后一个证据都没有，我称之为伪科学。为什么？因为他们的答案都是“封闭性”的，这绝不是科学的态度。

很多人不喜欢不确定的答案，但是这就是科学。因为它尽可能地做到了严谨、客观，虽然说没有明确的答案，但是给出的建议却是最有用、最适合更多人的。

世界冠军能成为世界冠军，靠的就是无数这种“不确定”“开放性”的答案。恰恰是这种开放性，不认定一种观点绝对正确或者绝对不正确，只告诉你什么样的方法可能是好的，才给你留下了最大的空间，接纳科学的逐渐进步，接纳各种可能更好的选择。

科学的方法决定你能不能变成肌肉男，天赋决定你变成什么等级的肌肉男

增肌，很重要的一点就是要看天赋。通过合理的增肌训练、饮食，每个健康男人都能变成大众眼中的肌肉男，这是毫无疑问的。但最后能练到什么样的程度，能练成一个百里挑一的肌肉男，还是一个万里挑一的肌肉男神，天赋很重要。

换句话说，变成肌肉男很简单，只要方法对头，每个健康男人都能做到；但是变成健美冠军、肌肉明星，很大程度上则要看天赋，这不是人人都能做到的。

增肌训练很少有人关注到不同人之间的个体差异。每个人长得都不一样，甚至差异很大，每个人的高矮胖瘦也不一样，这些外在的差异都是人们容易发现的。

而我们的身体里面，每个人的生理生化特征也都存在着巨大的

差别，反映到体育运动能力上，通俗地讲，其实就是有天赋和没天赋的差别。

具体到增肌，很多人觉得，这个人练得好，那一定是训练方法对头，或者营养做得好；那个人练不好，肯定是不会练。其实并不完全是这样。

同样的训练方法，同样的营养，不同的个体，练出来的效果也是不一样的，甚至差异很大，尤其在中高阶训练者身上表现得更明显。

这也就是在增肌训练方面很多学术问题到现在仍然有争议的一个重要原因。因为个体差异的问题，有时候实验很难做。采集特别大量的样本不现实，成本高、难度大；样本少了，因为存在个体差异，实验往往又做不出什么结果来。

比如找十几个人做同样的训练，即便实验控制得不错，但最后训练结果往往还是什么样的都有。

尤其在高手当中，肌肉练得好坏，跟个人天赋关系非常大。我举个例子，肌肉块儿是由一根根肌纤维组成的，肌纤维数量越多，增肌的潜力越大，越容易练成大块头。

但每个人先天的肌纤维数量都不一样。虽然关于成年人肌纤维数量能否增加目前还有一些争议，但主流观点仍然认为肌纤维的数量在成年后不能显著增加。也就是说，训练只能让肌纤维变粗，不能让肌纤维增加。于是先天的肌纤维数量，就成为决定一个人肌肉增大潜力的重要因素。

比如，有一项实验研究了一群没有力量训练的普通人和一群训练至少6年的健美运动员，肱二头肌肌纤维的数量。实验发现，首先从肱二头肌肌纤维的平均数量上看，有6年训练经验的健美运动员跟普通人没有显著差异。这也就是说，肌纤维的数量恐怕很难通过训练增加。

其次，不管是普通人，还是健美运动员，肱二头肌的肌纤维数量个体差别很大，从17.2万条到41.9万条不等。

也就是说，肌纤维最多的人，肌纤维的数量是最少的人的2.5倍左右。理论上说，肌纤维最多的人肌肉增大的潜力，也是肌纤维最少的人的2.5倍。

实际上，从这个实验也观察到，肌纤维数量较多的被测试者，肌肉量也较大。这就说明肌纤维的数量确实是影响肌肉增大空间的一个重要因素。

而且，这还只是肌纤维数量一方面的差异。肌纤维的类型特点（简单说也就是快肌慢肌的比例）、激素的差异、激素受体的差异、营养代谢的差异，甚至结缔组织的差异，等等，都会影响到增肌的效果。

人体非常复杂，并不是大家想象得那么简单。所以，有些人练得好，不一定就是方法绝对正确，可能只是天赋好。反过来说，练得不那么好的人，并不代表所用的方法绝对错误，很可能也是天赋的问题。

在具体训练当中，真的是有的人肌肉一练就有，有的人训练几年，效果也无法达到巅峰。排除训练方法、营养等方面的不同，个体差异可能算是其中很重要的一个因素。

所以，我们不要太迷信一些增肌训练“练得好”的人，或者健美明星的经验。适合别人的方法，不一定适合自己，不能生搬硬套往自己身上用。

而且，个人经验，很多时候本身也是有问题的。

我们经常能看到很多人在健身房大谈特谈训练方法，你要是问他你有什么依据吗？他的依据很可能就是“个人经验”。科学研究是不承认个人经验的，个人经验在科研领域叫“见证叙述”，根本不能作为证据来使用。

比如，有的人用一种方法训练效果很好，但是原因可能是多方面的。

可能他是新手，用不那么重的重量训练，力量和肌肉量增长的效果也会比较明显。这不能说明这个重量是绝对好的，只能说明他的训练年限短，属于刚好适合这个重量的人群。要是换成训练过一年的人，这个重量可能就没用了。

还有可能，是他这段时间采用了更合理的饮食，饮食的改善提高了训练效果，而不是训练方法的原因。

所以，个人经验可以作为一种参考，但是不能拿来当证据。

而科学研究必须有足够多的实验样本。越多人参与，越能说明问题。而且，还要尽可能地把各种因素都控制住，让大家的实验背景都差不多。

还有一种情况，网络上有些人会用一两个实验研究来支持很极端、很夸张的观点，这种情况往往也有问题。

讲话要有证据，但也不是所有研究得出的结论都是真理。尤其对于新的、颠覆性的观点，一两个实验根本说明不了问题，证据还要足够多才可以。

另外，科学研究也分三六九等，有些实验设计得足够好，那实验结果就更有说服力；有的实验本身设计得就不好，操作水平也很低，自然不具备太多的参考价值。

CHAPTER

02

第二章

肌肉到底怎么练

一次完整的增肌训练课是什么样的

很多新手对增肌训练没什么概念，只大概知道，增肌训练就是在健身房里叮叮当当举铁，或者认为增肌训练就是练俯卧撑、做仰卧起坐。实际上增肌比这些都要复杂得多。

第二章我们就来讲一下，练肌肉到底怎么练。

这一节先给新手们宏观地展示一下，一节典型的增肌训练课到底是什么样的。

我们设置一个人物，比如Tony。他曾经有过系统增肌训练的经历，所以已经熟悉增肌训练的方法了，而且以前练得还不错。

但Tony中间有5年多因为工作太忙没训练。这一天，他去健身房，打算重新恢复训练。

为什么设定这样一个人物呢？因为：第一，Tony会练；第二，Tony有5年没训练，其实就相当于一个新手了，身体对训练的适应一切都要从头开始。对于新手来说，这样的人物设定最有参照价值。

Tony去健身房训练，按照他的计划，今天练肩。我们来看看Tony这节训练课从头到尾是怎么样的。

Tony来到健身房，把训练服装换好，开始准备今天的训练。他先在跑步机上用中速跑了5分钟，又活动了一下身体各个关节，重点活动了肩关节，这是热身。

今天练肩，Tony选择了3个动作，分别是：哑铃推举、哑铃侧平举、反蝴蝶机。这三个动作分别偏重训练肩部三角肌的三个部分。当然，这几个动作大家现在不了解也没有关系，后面我们都要详细讲。

这三个动作哪个先练哪个后练，肯定要有个顺序。Tony这节课先练哑铃推举，然后是哑铃侧平举，最后是反蝴蝶机。为什么这么安排顺序，是有一定道理的。

推举是复合动作，一般在训练时放在前面。哑铃侧平举和反蝴蝶机，哪个前哪个后倒是无所谓，可以看自己的习惯。

但是，如果同一节课还要训练身体的其他部位，那么要考虑的事情就更复杂一些。比如这节课还要练上臂的肱三头肌，那么练肩部后束的反蝴蝶机动作，就一定要放到肱三头肌训练之前。

这是为什么呢？因为反蝴蝶机虽然是训练肩部肌肉的，但是会同时用到肱三头肌。如果先练肱三头肌，再做训练肩部的反蝴蝶机动作，就会因为肱三头肌肌肉疲劳，做反蝴蝶机训练时效果受到影响。

你可能觉得晕，什么是“复合动作”，什么是“肱三头肌”，动作的顺序竟然还有这么复杂的讲究。现在搞不懂这件事没关系，我们在讲制订训练计划的时候都会讲到。

好了，我们继续说Tony。Tony选好了动作，确定了动作的顺序以后，就要开始正式训练了。

第一个动作是哑铃推举。摆好哑铃凳，Tony先选择了7.5公斤一只的哑铃，做了大概20次哑铃推举动作。这属于热身组。

安排热身组的目的是为了预热肌肉，避免急性的损伤。对于新手来说，这很重要。

热身组之后，Tony需要确认一件事情。他先到放哑铃的地方，拿起2只各12.5公斤的哑铃，掂量了一下，开始做哑铃推举动作。一个接一个地做，一共重复了16次，Tony感觉还有点劲儿，能再做几个，但是Tony停下来，放下了12.5公斤的哑铃。

休息三四分钟，Tony拿起一对各15公斤的哑铃，开始做哑铃推举动作。这次，他仍然是一个接一个地做，做到第11个时就没劲儿了。于是，Tony把15公斤作为自己这段时间哑铃推举正式训练的重量。

12.5公斤，完成了16个还有力气，这个重量有点轻了；15公斤，完成11次就感觉没劲儿了，Tony知道，这个重量刚好。这段时间，他基本就用15公斤一只的哑铃来做哑铃推举这个动作了。

为什么15公斤的哑铃推举，完成了11次重复就没力气了，15公斤就是合适的重量呢？我们一会儿会讲。先继续往下看Tony是怎么做的。

刚才Tony做的事都是在确定自己做哑铃推举这个训练动作时需要用多大重量。现在重量确定了，休息了5分钟，他开始正式组，即正式训练。

正式训练的第1组，Tony用2只15公斤的哑铃做了11次重复，之后休息了1分多钟；接着开始做第2组，同样也是重复11次，又休息了1分多钟；他开始做第3组，还是11次重复，再休息1分多钟；做第

4组，重复了9次，没力气了。

现在，哑铃推举动作Tony就做完了。从热身组开始，如果不算用12.5公斤的哑铃“试重量”的那一组，这个推举动作，Tony大概需要10分钟，中间还有不少休息时间。

到目前为止，我们会发现：

1. 增肌训练是一组一组地做，每组中间都要休息一会儿。
2. 每组中间休息的时间都是固定的，基本是1分多钟。
3. 一个动作一共只做4组就完成了，看上去不需要做很多。

接下来，Tony开始练第二个动作，即哑铃侧平举。流程一样，先做热身组，然后确定自己用多大重量合适。定好重量后正式做3 ~ 4组，这个动作的练肩训练就完成了。然后做第三个动作，也是一样的流程。

肩部肌肉练下来，不算前面的跑步，一共也就半个多小时，中间有大量的时间在休息，整体训练下来，一点也不累。

对于新手来说，肩部的肌肉，每周这样训练多少次就够了呢？1 ~ 2次。

也就是说，就肩部来说，每周最少练半个小时，最多也就1个小时左右（每周练2次），对新手来说足够了。剩下的时间干吗？舒舒服服等着长肌肉。

当然，我们还有其他身体部位要训练，加起来时间就多了，但是也不会很多，不需要每天拿出太多时间来。

【划重点】

增肌训练总体来说是这样的：一个肌肉部位选择几个动作，每个动作选择合适重量的器械，一组一组地做，每组之间休息一定的时间，一共完成若干组。

增肌，我帮你把复杂变简单

不了解增肌训练的人可能不信，增肌就这么简单吗？其实单从训练上来说，对于新手，真的就这么简单。但是注意，这只是对于新手来说，而对于有一定训练经验的人来说增肌要复杂一些，当然也不会太复杂，不会辛苦到像其他很多体育项目那样的程度。

但是话说回来，会者不难难者不会，我们看会训练的人，训练很简单。但是如果不会训练，那可能练了半年或一年，还是不怎么长肌肉。

在我们刚才举的Tony的例子中，看似简单平淡的训练，其实暗含了很多我们注意不到的细节要素，如果做不到位，训练效果就会大打折扣。

另外，不训练的时候想舒舒服服长肌肉，前提是还要会吃。而且，训练前后怎么补充也很重要。在Tony的例子中，我们还没讲到他训练时怎么吃。如果吃得不够或不对，想长肌肉也没多大可能。

总之一句话，增肌这件事，如果你把它掌握透了，挺简单。但是没看明白的人就会觉得很复杂。怎么才能看透增肌呢？要做两件事。

第一件事，掌握基本的理论。大家看到这句话别害怕，我们这本书的目标读者群是新手，所以不会讲太多理论。必要的基础知识我会讲，而且用大白话讲。

有的人可能想，要增肌我学会怎么练就行了，为什么要学理论呢？更有甚者，还看不起理论，觉得理论都是空洞的。实际上，如果你这样想，可能一辈子也入不了增肌的大门。

因为，你光知道怎么练，但不知道为什么这么练，那么一旦遇到情况有变化的时候，就不知道该怎么办了。哪怕情况只是稍微有一点变化，对你来说，也好像面临了一个全新的问题。

我给大家讲个真实的案例。我认识一个人，增肌练了3年多，训练效果一直不好。他就很不喜欢学理论，他经常向我请教，但是每次都希望我直接告诉他该怎么做，而不关心为什么这么做。

有一次他想参加一个学校里的小型比赛，但苦于体脂率比较高，要先减脂。在减脂这件事上，他就遇到了很多很多困难，比如单单一个怎么吃肌酸，就让他特别头疼。

补充肌酸，他感到对训练特别有帮助，但是他又听说，肌酸要跟糖一起吃才有效，所以以前，他吃肌酸都是配合着喝糖水，糖水喝得还不少。

现在要求减脂了，不能喝糖水了，怎么办？

他上网搜，到处问，费了很大力气，也没找到办法。然后他跑来问我。我说肌酸倒也可以不用跟糖一起吃，你只要跟每天一顿量最大的主食一起吃就行。但是要在饭前，先把主食吃了，然后喝肌酸，等大概1个小时后，再吃肉吃菜。

对于普通人来说，这挺烦琐。但是对于减脂备赛的人来说这很简单，因为他们每天吃的东西都很简单，不太在意口味，只是把一天的食物当成营养补充剂一样按量来吃。

我想跟他简单讲讲原理，他说不用。他平时主食吃米饭，所以他按照我的建议，肌酸搭配着米饭吃。

但是过了没两天，他又来问我，说这几天出门，没地方吃米饭，怎么办?

我很无奈，问他那你吃什么主食?他说可以吃馒头，我说馒头也行。上午刚问完，下午他又来问我，说馒头也没有，白面包行不行?我说也行。然后我问他，如果你联系不到我，又没地方咨询这些问题，你怎么办?

他琢磨了一会儿说，那估计这次比赛就没戏了，后果挺严重。我说，我花3分钟时间给你讲讲理论，告诉你为什么要这样安排，你听听，然后琢磨琢磨。他说好吧。

为什么建议肌酸跟糖一起吃，一般认为是胰岛素在起作用。吃糖，刺激胰岛素大量分泌，胰岛素有促进能量物质进入肌肉细胞的作用，会把肌酸“带”进肌肉里面去。所以，肌酸进入肌肉的效果就有保证了。

糖能刺激胰岛素分泌，米饭也一样，米饭刺激胰岛素分泌的能力一点也不比糖差。所以，每天把肌酸跟一顿量比较大的米饭一起吃也行。

为什么要先吃米饭再吃菜？因为把蔬菜、肉、油脂跟米饭混在一起吃进肚子里，它们就是混合食物而不仅仅是米饭了，这样对胰岛素分泌的刺激效果就没那么好了。

为什么糖尿病人建议吃主食的时候要搭配摄入一些蛋白质，或者一些脂肪，就是这个原因。

所以，了解了为什么建议肌酸跟糖一起吃，我们就能知道，我们要的不是糖，其实是胰岛素。所以，只要是能刺激胰岛素大量分泌、升血糖能力强的食物，跟肌酸一起吃都管用。米饭可以，馒头也可以，白面包更没问题。

用不了几分钟，学懂了理论，他现在再一琢磨自己刚才的问题，多简单啊。根本不用上网搜，也不用一次一次咨询别人。

这就是掌握基本理论的好处。

很多人可能大致知道怎么练、怎么吃，但是因为不懂最基本的理论，所以情况一有点变化，就手足无措了，结果很可能就被简单的问题毁了增肌训练。

知其然且知其所以然，你才是真正看透了增肌，这时候增肌对你来说就简单了。所以看透增肌要做的第一件事，就是要掌握基本理论。

第二件事，要全面掌握基本理论。光会练，不会吃，没用；光会动作，不懂训练原则，也没用；甚至不懂一点康复，把自己练得一身伤，增肌最后还是潦草收场。

只要掌握了增肌相关的基本理论（不需要很多，基础的就够），同时全面掌握了这些基本理论，不夸张地说，变身肌肉男，其实就是一件很简单的事了。

这是跟大家聊点题外话。不过说是题外话，也是针对本章内容来说的。从增肌的角度来看，这绝对是题内话，而且是很重要的题内话。

增肌训练的几个基本要素

我们开始讲增肌训练的基本要素。基本要素是什么呢？就是增肌训练什么时候用多大重量、做多少组、组间怎么休息、训练频率怎么安排，等等。这些要素，是我们增肌训练的根本。

我们光知道训练动作怎么做，而不懂得如何去安排这些训练动作，那增肌训练也根本不可能有效果。

打个比方，增肌训练的动作好像食材，比如猪肉、鸡蛋、木耳、黄瓜、盐、酱油、料酒。但这些都有了，往桌子上一堆，就是一盘木须肉了吗？那还差得远呢。

怎么组合这些食材，怎么加工这些食材，怎么使用这些食材，那才是做出一盘好的木须肉的关键所在。一个好的厨师，他的厨艺精湛，难道这个“厨艺精湛”指的是食材吗？肯定不是，是加工食材的手段和艺术。

所以，对增肌来说，训练动作就是食材；训练要素就是加工食材的方法，后者才是增肌的核心。

我们这一节从以下几个训练要素来讲：

1. **肌肉收缩方式（离心、向心）。**
2. **训练负重（即我们训练使用多大重量，也可以用RM值来表示）。**
3. **个数（主要看是否力竭）、组数。**
4. **组间休息时间。**
5. **动作速度。**
6. **训练频率（每块肌肉一周练几次）。**

这里要强调一点，增肌训练要素怎么安排最好，关键要看这个人是训练新手还是老手（中阶、高阶训练者）。起点不一样，建议也不一样。

那如何区分一个人是新手，还是中阶训练者，或是高阶训练者呢？一般来说，新手就是干脆没练过，没有经历过任何力量训练的人；或者曾经有过训练，但是中断很久了，好像Tony那样的，也可以算新手。

一般来说新手是训练收获潜力最大的，不管是力量增长还是肌肉增大。而练得越久的人，获得训练适应的潜力越小。

中阶训练者一般是系统训练过至少6 ~ 8个月，肌肉力量和肌肉都明显有增长的人。

高阶训练者一般是系统训练至少1年以上，肌肉力量和肌肉围度都已经有了相当程度提高的人。

增肌训练要素：肌肉的收缩方式

什么叫肌肉的收缩方式？肌肉的收缩方式，跟增肌训练有关的主要有三种：向心收缩、离心收缩、等长收缩。

这三种收缩方式，我们用一个生活中的例子来说明。

比如一个人从桌上端起一个杯子，送到嘴边，喝一口水。这一个动作，上臂的肱二头肌要收缩，缩短，杯子就端起来了（当然，还有很多肌肉参与了这个过程，比如三角肌的前束）。

在这个过程中，对肱二头肌来说，端起杯子，就是向心收缩。很简单，向心收缩就是肌肉缩短，产生力量的收缩过程。再比如我们做一个举起重物的动作，在这个过程中，肌肉就做向心收缩。

向心收缩的实质，就是肌肉收缩产生力量。

如果大家还是分不清什么是向心收缩，那么可以这么理解，我们拿一个重东西，这个重东西往上移动的时候，我们提供收缩力的肌肉做的就是向心收缩。

【划重点】

比如，不管我们训练用的是杠铃、哑铃，还是联合器械，只要哑铃片（或者铁排）往上移动，那么我们训练的肌肉（肌肉群）都在做向心收缩。

离心收缩与向心收缩相反，即肌肉拉长，但是也产生力量，比如我们喝完水了，把水杯放回到桌子上，那么肱二头肌要做离心收缩。

我们放下水杯，是慢慢地放下，不是把水杯扔在桌子上。所以，做离心收缩的时候肌肉也要使劲，完全不使劲的话杯子就会被扔到桌子上。

离心收缩，就是我们控制着放下重物，我们要注意“控制”两个字，必须肌肉产生力，让重物慢慢地放下来，这才叫离心收缩，否则就叫扔东西。

【划重点】

做增肌训练的时候，重物往下移动的过程，训练的肌肉（肌肉群）都是在做离心收缩。

我们用肱二头肌做杠铃弯举这个动作来解释一下向心收缩和离心收缩。左下图的举是向心收缩过程，右下图的放是离心收缩过程。

等长收缩，就是肌肉收缩产生力量，但是长度不变。比如我们端起杯子，想喝，但是有些犹豫，端着杯子没动，这时候肱二头肌就在做等长收缩。

等长收缩，就是我们肌肉在使劲，不让重物上移也不让它下落。

比如平板支撑，就是很多肌肉在做等长收缩。肌肉使劲了，但是身上没有动作，是静态的。

这就是向心、离心、等长收缩的含义。当然，我们在训练中，最简单的方式就是用重物的运动轨迹来判断：重物往上移动，发力的那块肌肉（或者那群肌肉）就是在做向心收缩；重物往下移动，发力的那块肌肉（或者那群肌肉）就是在做离心收缩；重物悬空不动，那么肌肉就是在做等长收缩。

最后要强调一下，向心、离心、等长收缩，都是针对具体的一块肌肉（或者一群肌肉）的。而我们在做一个复杂动作的时候，全身很多肌肉都在运动。这些肌肉，可能有的做向心收缩，有的做离心收缩；有的时候，肌肉还会做等长收缩。所以，肌肉的收缩是向心还是离心，都是针对具体训练的肌肉来说的。

了解了肌肉的收缩方式，那么肌肉的收缩方式与增肌训练有什么关系呢？关系就是：离心收缩，对于增肌来说，一般认为比向心收缩重要。

【划重点】

很多研究发现，离心收缩单纯和向心收缩比较，从肌肉增大和肌肉力量增长的效果来看，离心收缩要比向心收缩好。

并且还有一些研究发现，快速离心对肌肉增大的效果要好于慢速离心。

快速离心，就是做离心收缩的时候，放下的速度相对比较快，注意“相对”二字，快是稍微快点，不是扔，还是要控制住。

所以，首先，离心收缩很重要。其次，离心收缩的速度可能也很重要。有些人强调离心，往往想到慢速离心，使劲想要把离心做得很充分，其实不一定是对的。

我们可能会有种误解，既然离心收缩很重要，那么做的时间就应该越长越好。所以选择慢速离心，把离心收缩做得很“到位”。

实际上这样做的效果可能适得其反。

传统的训练方式也容易强调“慢下”，甚至有的人训练的时候，举起来用爆发力，放下的时候慢慢悠悠地用十几秒钟。其实这是没有科研支持的，是一种人们主观的一厢情愿的想法。

最后，再次强调，离心收缩，首先必须控制住动作，是“放”，不是“扔”。这就是说，速度快一点可能更好，但不能太快，在尽可能快一点的情况下控制重物。

强调离心训练，我们该怎么做呢？那就是“新手重视离心收缩，老手强调离心收缩”。

【划重点】

对于新手来说，只需要做一点，就是在训练的时候，一定要保持训练动作中有离心收缩。

我见到有的新手去健身房训练，举起哑铃的时候很卖力，但是放下的时候，胳膊一松，就让哑铃几乎自由下落，如此草率是不行的，放下的过程也一定要控制好。要重视离心过程。

还有的人做引体向上。大家可以思考一下，引体向上这个动作中，哪个阶段是向心，哪个阶段是离心？

刚才我们说以重物为参照，看看重物是往上走还是往下走。但引体向上的重物在哪儿呢？这个重物就是你自己。

引体向上，属于自重训练，是用自身的体重作为负重的。我们拉起来，其实是把我们的体重拉起来。

那么，重物向上移，也就是拉起来的过程，是背肌在做向心动作；重物向下移，也就是放下的过程，是背肌在做离心运动。

但有些人做引体向上，拉起来的过程只能靠自己，但是放下的时候胳膊一松，让身子直接坠下来。这样做训练效果就要差一些了，因为放下的过程是离心收缩的过程，也应该控制住。

这是对新手来说，重视离心收缩训练，做到保证训练动作当中有离心收缩过程就可以了。

对于中阶，或者高阶训练者来说，怎么强调离心训练呢？总的来说一般有两种方法。

1. 增加离心训练阶段的阻力。

比如我们使用比平时大一些的重量训练，向心收缩过程通过训练伙伴辅助完成动作，而离心收缩动作自己完成。为什么要使用比平时大一些的重量呢？

因为做离心收缩的时候，同一块肌肉的收缩力量要比做向心收缩的时候大。

也就是说，我们可能举不起20公斤的哑铃，但是往往能放得下20公斤的哑铃。

2. 采用纯离心训练。

干脆放弃向心过程，完全由辅助者完成向心阶段，自己完成离心阶段。注意，这种训练方法，适合有足够经验的训练者，而且要有足够好的安全保护。

【划重点】

增肌训练老手要用更大的重量去完成离心收缩的过程。

我们最后总结一下。

1. 离心收缩的“地位”要相对比向心收缩高。

2. 离心收缩速度应该适当提高，但必须仍然是离心收缩（而不是不收缩，肌肉一定要控制住重物，不要扔）。

3. 离心收缩的肌肉力量要远大于向心收缩，所以纯离心收缩训练，应该提高负重。

4. 离心收缩的受伤风险明显高于向心收缩，所以必须在保证安全的前提下重视离心收缩训练。初学者不建议单独做离心收缩训练。

增肌训练要素：训练负重

训练负重指训练的时候用多大重量，这基本上算是一个跟训练效果直接相关的要素了。用一个轻的哑铃练和用一个重的哑铃练，练出来的效果完全不同[1]。

[1] ACSM POSITION STAND. Progression models in resistance training for healthy adults [J]. Med Sci Sports Exe 41(3): 687-708, 2009.

如果增肌是你的主要目的，那应该用什么样的重量呢？总的来说，核心就是三个字："大重量"。

【划重点】

足够大的训练重量是增肌的核心。

市面上一直有一些"轻重量训练增肌"的观点。比如，有人说某些部位的肌肉是慢肌，所以要用轻重量。这些部位被认为主要有腹部、肩部、小腿等。

什么是慢肌？什么是快肌？解释清楚需要比较大的篇幅，我们这里不细讲，只来评价这种观点。

这种观点当然是错的。

首先，除了小腿比目鱼肌的慢肌纤维比例非常大之外（同样是小腿肌肉，腓肠肌则是快肌纤维占优势，所以说小腿都是慢肌，不管从哪个角度讲都是荒谬的），我们身上大多数肌肉都是由慢肌纤维和快肌纤维混合组成的，说肩部肌肉都是慢肌，是缺乏基本肌肉生理知识的观点。

第二，即便是慢肌纤维，也并没有明确的证据能说明用轻重量训练就更好。认为慢肌纤维应该用轻重量来训练，只不过是有些人主观上的一种"想象"，主观上把慢肌纤维的"慢"，对应了训练负重中的"轻"。慢肌纤维收缩力量确实小，但是也不代表就需要用轻重量训练。

实际上，目前国际主流学术界对增肌训练的建议，根本不区分肌纤维的类型，不管快肌、慢肌，都建议用大重量训练。通过对健美运动员和普通人的研究也早就发现，增肌训练使用大重量，快肌纤维、慢肌纤维都有明显的增粗。

而且，从肌肉收缩的运动单位的募集角度讲，“大小原则”告诉我们，轻重量只能募集肌肉中较少的运动单位，使用的重量越大，募集的运动单位越多。关于“大小原则”，讲起来会非常复杂，这里也不展开说了。

也就是说，所谓的用轻重量多次数练肩，是错的。练腹肌一次做几百个卷腹，效果其实并不好。练腹肌也要负重。

还有一种老观点，认为“大重量练块儿，轻重量练线条”，这更是一种滑稽的说法，从理论上和实验研究上都根本没有明确的依据。

当然，这里所谓的“大重量”，是一个比较模糊的概念。因为有些人把纯力量训练者使用的重量叫大重量，那增肌训练者用的就算是中等重量，或者勉强说是相对的“轻重量”。因此，也造成了一些人对轻重量含义的误解。

究竟如何衡量训练中使用的重量呢？一般用RM值。

大家可能在网上的一些增肌训练讲解中，看到过“8～12RM”这样的表述，RM的意思，就是用一个重量来做动作，最多能重复做多少次。

比如8～12RM，就是你用一个重量来做一个训练动作，一个接一个地做，最后完成8～12次重复就没力气了，没办法再继续完成动作，比如做到第9个，没劲了，或者做到第11个，做不动了，这个重量，就是你这个动作目前的8 ~ 12RM重量。

RM值越大，说明你一次能重复完成的数量越多，说明使用的重量越小。

到这里，我们马上要讲到本节的核心知识了，增肌者用多少RM最合适呢？这个数字很多人其实已经很熟悉了，那就是8 ~ 12RM。但实际上，对于不同训练阶段的增肌者来说，最适合的RM值也不一样。

一般来说，对初学者，使用8 ~ 12RM训练，或者10 ~ 12RM比较合适；而对于中阶和高阶训练者来说，要进一步提高重量，而且要使用周期性的训练方式。多数时候用6 ~ 10RM，少数时候用1 ~ 6RM，两者配合着训练，这样可能是最有利于增肌的负重。

我们回忆一下前面Tony训练的时候是怎样选择重量的。他做哑铃推举这个动作，就是选择了大概11RM的重量，这是一个训练新手最适合的增肌负重范围。

【划重点】

对新手来说，一般认为10 ~ 12RM是最适合的增肌负重。

那么，对于每个动作来说，我们又该如何知道一个适合的RM范围是多大呢？其实很简单，想想上面例子中的Tony是如何判断RM的。

对，就是试出来的。

比如我们做哑铃推举，要选择10 ~ 12RM的重量，一开始我们先用5公斤的哑铃做做试试，发现这个动作用这个重量，能够一次一次不停地重复30次才没力气，无法继续保持动作的完整了，那么这个重量就太轻了，我们需要再加一点。

加到10公斤一只的哑铃，我们发现每组完成10次重复就没力气了，那么这个重量就是刚好的，在10 ~ 12RM的范围之内。

当然，使用自己的1RM重量来计算，也能算出其他RM值的重量，但是那样比较麻烦，而且对于新手来说，测试1RM的重量也比较危险，不推荐使用。

这个重量我们不需要每次都去试。我们训练了一次，知道了某个部位肌肉适合的重量是多少之后，在一段时间里，我们记住这个重量，直接拿来训练就可以了。

其实，经常训练的话，很快就会有经验了，拿起一个重量掂量一下，基本就知道大概是不是我们要的重量了。

但是大家注意，一个动作训练一段时间之后，力量会增长，这时候原来的重量就不够了，太轻，我们需要增加重量。总之，我们要让使用的重量永远保持在每组只能完成规定次数的这个程度。

这里，可能细心的人会有一点疑问。刚才不是说，用的重量越大，运动单位募集越多吗？那增肌为什么不用1RM这个最大重量来训练呢？

实际上，运动单位的募集是影响增肌效果的一个因素，还有其他很多复杂的因素。科学研究通过大量的实验，发现对于增肌来说，效果最好的不是超大重量，不是我们能完成动作的最大重量，而是要低一些的大概8 ~ 12RM的重量。超大重量是增长纯力量最适合的重量，这个地方我们不讲。

增肌训练要素：个数、组数

我们已经说了肌肉收缩方式、训练负重两个训练要素了，接着说一下个数和组数，也就是训练的时候每一组做多少次，每一个动作做多少组合适。

个数的话，其实RM值有了，个数也就有了。比如，我们使用的重量是8RM，那么每组最多也就做8个。或者再使使劲儿，拼一拼，做9个，想再多做也做不到。这里要强调的就是要不要少做的问题。

一般来说，健美训练和以增肌为目的的训练，都是要强调力竭的。什么叫力竭呢？就是在一组之内，尽可能多地完成动作，直到实在完成不了了为止。所以一般健美训练不建议少做，也就是说，不建议在一组之内，明明还有力气，却停下来。

【划重点】

增肌训练每组最好用适合的重量完成至力竭。

力竭对于增肌来说，可能是很有好处的。因为力竭会造成更多代谢产物的堆积，比如乳酸。

力竭的直接表现，就是肌肉训练后“泵感”特别强，很胀很硬，很多人也把这种感觉称为肌肉充血。实际上这不是充血，而是肌肉细胞里面的代谢产物堆积，因为渗透压的作用，产生肌肉“充水”。用大白话说，就是肌肉暂时性水肿。

这些代谢产物的堆积，会刺激更多合成代谢激素的分泌，比如生长激素，这对于增肌来说可能是有好处的。

另外，肌肉细胞水肿，肌肉细胞充盈膨胀，可以刺激细胞内在容量传感器，促进蛋白质合成，抑制蛋白质分解[2]。

所以，训练时肌肉泵感强，可能对增肌是有好处的。但是也必须强调，这仅仅是可能，目前还没有特别明确的证据。

我建议，在不违背其他基本训练原则的基础上，可以适当追求肌肉泵感。但是绝不能说，泵感就代表增肌，或者没有泵感就一定不会增肌。

总结一下，训练个数方面，就是在满足RM值的前提下，每组尽可能多做1 ~ 2个。但是，如果我们用8RM训练，结果一组做了十三四个，这就不提倡了。这只能说明，你力量增长了，这个8RM重量对你来说已经不够用了，应该增加重量。

[2] Haussingerd D, Roth E, Lang F, et al. Cellular hydration state: an important determinant of protein catabolism in health and disease [J]. Lancet 341(8856): 1330-1332, 1993.

我们接下来说组数，即一个动作每次训练几组的问题。

组数很简单，对于没有经过训练的人来说，一组和多组都有用，似乎很难说清哪种更好；但是对于中阶和高阶训练者来说，多组效果会更好[3]。

【划重点】

对于增肌训练者，关于组数的主流建议是：初学者每个动作做1 ~ 3组，中阶或高阶训练者每个动作做3 ~ 6组。

增肌训练要素：组间休息时间

组间休息时间，就是我们训练的时候，每一组动作之间需要休息多久。

这个问题也很简单，传统观点认为，以增肌为目的的训练，组间休息时间为30 ~ 90秒。这个时间主要是为了基本恢复疲劳的肌肉。在这个时间范围内，其实具体休息多久，可以自己灵活掌握，基本的原则是：只要下一组能保质保量完成就行。

[3] Kraemer WJ, Ratamess N, Fry AC, et al. Influence of resistance training volume and periodization on physiologi-cal and performance adaptations in collegiate women tennis players [J]. Am J Sports Med 28(5): 626-633, 2000.

【划重点】

增肌组间休息时间：30 ~ 90秒。

当然，增肌训练组间休息时间短一点可能更好[4]，组间休息时间越短，乳酸堆积得越厉害，肌肉泵感越强。前面也讲了，这样可能有助于抑制肌肉蛋白质的分解，促进肌肉蛋白质的合成。

[4] Kraemer WJ, Gordon SE, Fleck SJ, et al. Endogenous anabolic hormonal and growth factor responses to heavy resistance exercise in males and females [J]. Int J Sports Med 12(2): 228-235, 1991.

但是，绝对不能为了缩短组间休息时间而牺牲负重或者组数。也就是说，不能休息时间太短，短到下一组本来需要做10个，但是只能做5个了，或者降低重量。

增肌训练要素：动作速度

动作速度，通俗地讲，就是我们做动作的时候做的有多快，是快速、中速，还是慢速。我们在健身房或者网上都能看到，有的人训练，动作做得很快，好像很着急一样；有些人做得慢慢悠悠的，动作很稳当。哪种效果更好呢？

增肌训练时，对于新手到中阶训练者来说，主流建议是慢速到中速更好；对于高阶训练者，建议速度稍微快一点，最好的速度可能是中速。

中速是什么速度呢？拿肱二头肌弯举来说，1秒或者不到1秒的时间完成向心收缩，基本就属于中速的收缩速度。

有些动作比较复杂一些，比如深蹲，动作也大，所以深蹲的“中速”，时间肯定要长一点。总之，我们参考肱二头肌弯举这个速度，基本上就可以明确中速的概念。

有些人说，增肌训练要“爆发力推起”，也就是说，用尽可能快的速度来做向心收缩。其实并不建议。

因为学术界主流观点认为，快速收缩对于增肌来说效果并不好。我们的主流观点倾向于认为“快速收缩练神经，中速收缩练肌肉”。也就是说，如果你想纯增长力量，那么快速可能更好，但为了增肌，还是中速为宜。当然，这个问题目前仍然还需要更多、更深入的研究，不能下绝对的结论。

还有一类观点倾向于另一个极端。比如有一种训练叫“超慢训练”。这种训练理念要求动作超慢，一个动作一次做大约20秒，肌肉总是收缩着。此观点认为，这样代谢产物的堆积会比较明显。

就目前来看，要说这种方法是有效的还缺乏证据。倒是相反的观点有不少证据支持，所以不建议动作做太慢。

大家注意，慢—中的速度，是说向心收缩，离心收缩的过程适当提高速度可能更好。这个问题刚才也说过了，快速离心的增肌效果可能会更好。

我以前倡导过“慢上快下”，但我也强调，慢上快下不是绝对好。绝对好、绝对正确的方法，现在还没出现。

【划重点】

增肌训练的动作速度，对于新手来说，慢—中速可能最好，而中高阶训练者可能以中速为宜。

增肌训练要素：训练频率

我们再说一下训练频率。训练频率就是指一个部位的肌肉一周练几次。关于这个问题，目前有各种各样的说法，还没有达成一个统一。

原因可能在于，训练频率是一个高度个人化的东西，每个人的肌肉恢复速度都不一样，有的人能多练，有的人练多了就容易过度训练。因为，肌肉训练一次后，一定要等它恢复了之后才能训练第二次。

恢复要多久呢？一般来说，足量的训练后，肌肉至少需要48小时才能恢复。有些大肌群，甚至需要72小时。

当然，每个人的恢复能力都不同，具体到个人，训练后要恢复多久，不可能给出一个统一的结论。

而且，训练频率还跟训练量的安排有关，所以这个问题没有一个特别好的答案。最好的方法只能是根据自己的情况摸索和安排。

这里只给出一般建议。对于增肌新手，一个部位肌肉每周做2 ~ 3次训练[5]。因为新手单组训练（一个动作只练一组正式组）效果也不错，所以如果是单组，每个部位肌肉每周训练3次，量也不会太大；若是多组训练，则一个部位一周练2次，基本是比较合理的安排。

[5] Candow DG, Burke DG. Effect of short-term equal-vol-ume resistance training with different workout frequency on muscle mass and strength in untrained men and women [J]. J Strength Cond Res 21(1): 204-207, 2007.

对于中、高阶增肌训练者，每周1 ~ 2次的频率可能是比较现实和合理的。

不管是新手还是老手，总的来说，躯干部位的肌肉相比四肢肌肉，可能每周可以训练得少一些。

【划重点】

对于增肌新手，每个部位肌肉每周训练2 ~ 3次；而中、高阶训练者每周1 ~ 2次为宜。在保证恢复的前提下频率越高可能越好。

总之，训练频率是高度个人化的东西，个体差异很大。有些训练者为了保证训练频率，安排每天2次训练。但这种方法训练量很大，有的人受得了，有的人受不了。所以，总的原则是，必须在保证不过度训练的前提下，考虑提高训练频率。而且，训练频率的安排也要综合考虑其他训练要素。

第二天的酸痛——运动后延迟性肌肉酸痛

说起训练频率和恢复，很多人会想到训练后第二天的肌肉酸痛。

做过力量训练的人都有这样的经历，刚训练完没事，第二天，训练的部位肌肉开始疼，一用力就疼，一碰也疼。一般要疼一两天，甚至有时候会疼三四天。

因为这种酸痛感不是训练后马上出现的，而是第二天（有的人甚至更晚）才出现，所以学术上将这种现象叫作运动后延迟性肌肉酸痛。

那么是什么原因导致这种酸痛的呢？目前还没有明确。1902年，运动医学界开始研究延迟性肌肉酸痛，陆陆续续提出过一些理论，但直到现在，这个问题还没弄清楚。其实也不奇怪，学医的同学都知道，人体的疼痛机制本身就非常复杂，所以延迟性肌肉酸痛真的很难解释。

不过民间有许多说法，最有市场的就是延迟性肌肉酸痛是因为乳酸，训练产生了乳酸，乳酸没有排出去，所以第二天就开始酸痛了。很明显，这种说法站不住脚，如果真的是乳酸排不出去导致的，那为什么当时不酸痛，非要等到第二天？

力量训练的确会因为糖类的无氧代谢产生大量乳酸，但是乳酸产生的同时也在清除，肌肉中的乳酸清除速度很快，即便是血乳酸，在运动后的1 ~ 2个小时内也会清除干净，根本不会等到第二天去让你的肌肉酸痛。

这种荒唐的解释还引发了另一种说法，说训练后必须拉伸、排酸，否则第二天肌肉就会酸痛。既然肌肉酸痛跟乳酸没有关系，那这种说法也就毫无落脚之地了。而且，运动后拉伸对预防延迟性肌肉酸痛也无效。

那有人会问，到底该怎样缓解延迟性肌肉酸痛呢？目前仍然没有有效的方法。虽然诸如冷疗、按摩、超声、电流疗法、牵拉、加压包扎，还有高压氧疗法和运动疗法等被提出来，但从大量综合研究来看，效果都不怎么样[6]。目前公认的特别有效的方法还没有。

【划重点】

延迟性肌肉酸痛跟乳酸无关，目前还没有公认、有效的缓解方法。

所以，如果不喜欢延迟性肌肉酸痛，那么预防仍然是最有效的手段。

离心运动更容易造成延迟性肌肉酸痛。从我们的经验上看确实也是这样。在日常生活中，最常见的密集离心运动可能就是下楼梯，还有下山，这对腿部肌肉来说，都是典型的密集离心运动。经常不活动的人，突然做这类离心运动之后，第二天往往肌肉就会出现酸痛。

[6] Cheung K, Hume P, Maxwell L. Delayed onset muscle soreness: treatment strategies and performance factors [J]. Sports Med 33(2): 145-164, 2007.

延迟性肌肉酸痛，还有一个特点，就是平时越不习惯的运动动作，越容易造成延迟性肌肉酸痛。比如我们练肌肉，老用一个动作来练，慢慢地，延迟性肌肉酸痛的感觉也越来越不明显。但同样的肌肉部位，如果换个新动作，延迟性肌肉酸痛的感觉又会很明显了。

其实练肌肉的人，往往很喜欢延迟性肌肉酸痛。一方面，酸痛期间都伴随着肌肉的肿胀感，很有感觉；另外，很多人认为，训练后第二天肌肉酸痛就代表练到位了，所以心里很有满足感。

那么，延迟性肌肉酸痛是否能代表肌肉训练到位了呢？目前还不能下结论，但可以这么说，延迟性肌肉酸痛很可能与肌肉增大关系密切。比如有些研究认为，延迟性肌肉酸痛可以使肌肉卫星细胞大量增殖，我们知道，卫星细胞负责肌肉的修复再生。所以，很可能，注意是很可能，延迟性肌肉酸痛是让我们肌肉增长的一个因素。

但这仍然只是一种可能性。

所以，一方面，我们不要“唯延迟性肌肉酸痛论”，认为只要不疼，就是没练到位。另一方面，我们也应该重视延迟性肌肉酸痛，尤其是新手。比如说一个新手刚开始练肌肉，练完了没有酸痛感，那可以肯定地说他没练到位。

对有一定训练经验的人来说，不酸痛，可能提示你需要换动作了。所以总的来说，酸痛可能还是比不酸痛好。

【划重点】

肌肉酸痛可能对增肌比较重要，但是不能用肌肉酸痛与否作为衡量是否增肌的唯一标准。

常有人问，为什么我怎么练都没有酸痛感？这怎么办？这种情况，一般多见于训练老手。如果想追求延迟性肌肉酸痛，一个是可以换动作，用新的动作产生对肌肉新的刺激。另外一个方法，就是强调离心收缩的过程。比如可以专门增加一个纯离心组，使用大负重单做离心训练，但是要注意安全。

很多人关注的另外一个问题是，肌肉酸痛期间该不该继续训练？一般不建议。

延迟性肌肉酸痛期间，肌肉收缩力会降低，而且肌肉运动单位的募集模式还可能发生改变，这可能是因为有一部分肌肉纤维出现了明显的损伤。总之在肌肉酸痛期间，最好不要进一步做大重量的训练，否则导致肌肉严重损伤的可能性会升高。

训练前需要准备哪些个人装备

对于新手来说，训练前都要准备点什么，一来能保证训练质量，二来可以确保训练安全。

其实，从增肌的角度来说，在个人装备方面没有什么门槛。我们学滑雪，学高尔夫，都需要专门的装备，但是增肌训练不需要太多、太复杂的装备。甚至说，零装备也能很好地完成增肌训练。

增肌训练最基础的装备就是一副手套。手套有两个作用，可以保护手，否则训练一段时间，手心会磨出茧子，变得很粗糙。另外，手套更重要的作用，主要是在训练时保证对器械抓握的牢固度。

空手抓握器械，尤其是比较重的器械，手掌的摩擦力一般是不够的。如果在训练中抓不牢，器械滑脱，会非常危险。

其实增肌训练的手套，也没有什么特别的要求。透气、结实、舒适是最重要的。尤其是结实，增肌训练需要跟沉重的“铁家伙”打交道，手套一定要足够耐磨，缝线处一定要足够牢固。

【划重点】

一副好的训练手套至关重要。

有的人增肌训练时喜欢戴护膝、护肘，其实这对关节健康的人来说一般没必要。反过来说，如果选择的不合适，甚至可能起到负面的作用。

至于举重腰带，对于新手或者不使用很大重量做下肢训练的人来说，也不是必需的。

在着装方面，有的人喜欢赤裸上身训练，其实这样不仅是对健身房里其他人不礼貌，而且也不利于训练安全。因为有些训练动作，需要我们把杠铃的横杆扛在肩上，或者依靠于身体的某个部位。这时，如果穿着衣服，能够给杠铃横杆足够的摩擦力，让其保证稳定；如果不穿上衣，杠铃很容易滑落，造成训练事故。

在鞋的方面，一般来说，牢固、抓地好的运动鞋就可以了，当然选择更坚固和稳定的举重训练鞋更好。有些专门的训练鞋在脚趾的地方做了加硬处理，这样如果训练当中杠铃或者哑铃突然掉落，砸到脚上，也不会造成太严重的伤害。

除此之外，应该准备一个水杯，尤其是在夏天，训练当中补水很重要。因为增肌训练后要马上补充营养，所以还需要一个装蛋白粉等训练后补充剂的小瓶子。关于训练后怎么补充营养，我们会在后面的部分详细介绍。

增肌训练和有氧运动怎么搭配

很多增肌训练者不知道训练的同时有氧运动该怎么做，因为有的人说，增肌训练必须也要做有氧，不然会把身体练伤；也有人说，跑步、做有氧运动会掉肌肉，增肌的人不能做有氧。

到底该怎么做呢？本节就来讲增肌训练和有氧运动的搭配。

首先简单说一下什么是有氧运动，什么是无氧运动。我们在运动的时候，肌肉收缩需要能量。身体产生这些能量有两类方式，一类需要氧气参与，另一类不需要氧气参与。

需要氧气参与的运动是有氧运动；不需要氧气参与，身体本身就能给肌肉收缩提供能量的运动，是无氧运动。

但这是从理论上讲，在实际运动过程中，几乎没有哪一种运动是纯粹使用有氧或者无氧方式产生能量的，而是有氧、无氧一起产生能量供身体使用，只不过在比例上有差别。

比如增肌训练，一般人都认为，这是一种无氧运动。但实际上，在训练过程中，也有很多有氧代谢的阶段。长跑，被认为是有氧运动，但在比如冲刺或者上坡跑的过程中，也要依靠大比例的无氧代谢。

所以绝对的有氧运动、无氧运动几乎是不存在的。我们在实践当中，只是把有氧代谢为主的运动叫作有氧运动，比如跑步、骑自行车、做椭圆机等。

但是，在跑步跑得特别快，自行车骑得特别快，或椭圆机蹬得特别快的时候，这种运动又成了以无氧代谢为主的运动。

大家读到这里可能会有感觉，越剧烈的运动似乎越可能属于无氧运动，越舒缓的运动越可能属于有氧运动。确实可以这么讲。因为剧烈运动在单位时间里需要的能量特别巨大，更需要无氧代谢这种产生能量特别快的代谢方式来提供能量。

所以，我们不能用运动方式本身来区别有氧、无氧，而是应该用运动强度来区分。大家记住，只要是运动强度相对不高，可以一次持续较长时间的运动，我们就可以粗略地称之为有氧运动，比如慢跑、快步走、中速到低速做运动器械等。

如果强度很高，一次运动几秒、十几秒，最多不超过2 ~ 3分钟就没力气，不得不停下来了，那么这种运动就是以无氧代谢为主的运动，我们可以粗略地称其为无氧运动。比如力量训练的抗阻部分、HIIT的高强度部分、举重、短跑、速度游泳等。

那么，增肌者该怎么做有氧运动呢？

首先，目前来看，增肌训练不做有氧运动就会把自己“练伤”的说法有点杞人忧天。现在还不能说增肌训练对身体健康有什么必然的伤害。

有的人担心，增肌训练会让安静时的血压变高，把人“练”成高血压。在增肌训练的时候，血压的确会短暂升高，但是说增肌训练会让人平时的血压也升高，把人练成高血压，还缺乏明确的依据。

当然，有氧运动对身体有很多好处，这几乎是针对所有人的。所以，如果增肌训练者适度做有氧训练，毫无疑问也会获得这种好处。从这个角度讲，增肌训练者也应该做一些有氧运动。注意，这种建议并不是仅仅针对增肌训练者的。

反过来，有人说增肌者做有氧运动，比如跑步，会“掉”肌肉。实际上，这也不是绝对的。

假如增肌者每天慢跑十几分钟，那根本不会把肌肉“跑掉”。但是如果增肌者每天快跑一两个小时，那对增肌就有影响了。

所以，增肌者跑步会不会“掉”肌肉，关键看两点：一个是跑步的强度，一个是跑步的时间。

如果跑步强度不高，属于中等偏下，那么一般不用担心“掉”肌肉，除非跑步的时间实在太长；如果跑步强度高，但是跑步的时间短，也不用担心。

就怕跑步强度高，跑的时间又长，跟长跑比赛似的，甚至跑到跑不动了为止，那就对增肌训练比较不利了。所以有些增肌者想同时跑马拉松，这不是一个好的选择，因为会对增肌训练有很大影响。

【划重点】

中、高强度且长时间的有氧运动，容易“掉”肌肉。

那为什么强度高、跑步时间长，就会“掉”肌肉呢？肌肉是怎么“掉”下去的呢？其实是过度消耗了肌肉而已。肌肉是我们储存氨基酸的储存库，氨基酸也是一种能量物质，可以在运动中被用来提供能量。

平时，如果我们不运动，身体的能量消耗也有2%左右是由氨基酸提供的。当运动强度比较高，同时时间也比较长的时候，这个比例会大大提高。在这个过程中，更多的肌肉蛋白质分解，被用来给运动提供能量。

不过有些人问，运动的时候怎么会消耗身体蛋白质里的氨基酸呢？不是说人消耗能量的时候，是先消耗糖，再消耗脂肪，最后脂肪都消耗完了，才消耗蛋白质的吗？蛋白质是构成人体的成分，多珍贵啊。

这其实是一种普遍的误解，没有专门学习人体运动生理学的人，往往不会了解我们身体能量物质的利用方法。

简单地说，总的原则是，在任何时候，身体里储存的能量物质，包括糖、脂肪、蛋白质，都是同时被利用的，只不过比例上有所差别。

运动的时候也一样，三种能量物质同时被利用，但比例根据运动强度和时间各自不同。

所以，身体根本没有“先消耗什么，后消耗什么”的设计。而且，也不存在“把脂肪消耗光了之后再消耗蛋白质”的设计。蛋白质虽然宝贵，但我们的身体是能够提供一定量的蛋白质来作为能量物质周转使用的。只有蛋白质过度丢失，才会造成对身体的损害。

说到这儿，增肌者到底该怎么做有氧运动呢？其实方法就是，强度不要太高，或者强度可以高一些，但运动时间不要太长。

运动强度怎么衡量呢？有很多方法，最简单实用的方法，就是用“主观感受量表”来衡量，即用感觉运动累不累来衡量运动强度。看似简单粗糙，但实际上，这是学术界一致认可的一种衡量运动强度的方法。

大家千万不要陷入一个误区，就是把运动强度等同于一个具体数字，比如跑步强度用每小时跑多少公里来表示。那么我想问你，一个平时不运动的人，和一个经常跑步的运动达人，都是用每小时8公里的速度来跑步，但对他们来说，运动强度能一样吗？

对平时不运动的人来说，这个强度就是中等偏上了；但对于运动达人来说，这个强度可能很轻松，属于中等偏下。

所以，不能用一个简单粗暴的标准来衡量运动强度，而是应该每个人有自己的个性化标准。所以，用主观感受来衡量运动强度，就是体现了这种个性化。

一般来说，在运动过程中，感觉“比较吃力”，那么这个运动大约是中等强度的运动；感觉“不吃力”“轻松”，则是中等以下到低强度的运动；感觉“吃力”“很费劲”，就是中等以上到高强度的运动。

【划重点】

增肌人群做有氧运动，不管是什么形式，在运动的时候，中等以下强度，时间可以长一点，单次超过半小时都没关系；中等或以上强度，不建议单次超过半小时。

当然，虽然说不当的有氧运动会“掉”肌肉，但是如果在运动后营养和能量得到充足补充，“失掉”的肌肉一般还能补回去。不过在极端的情况下，或者营养不充足的情况下（比如减脂过程中），很可能就补不回去了。

而且，过量的有氧运动，甚至还会让我们肌肉中一部分比较特殊的肌纤维发生萎缩，这对增肌也是非常不利的。总之，增肌人群做有氧运动，不能太过头。

CHAPTER

03

第三章

人人都能学会的训练动作

关于训练动作，你知道的可能是错的

我们先讲一些理念，理念有时候比具体知识更重要。我们反复说，理念是方向，具体知识是车，车再好，如果驶错了方向，也没办法到达目的地，甚至有可能开进坑里。

关于训练动作，很多人都有个误区，认为每个训练动作都有一个绝对正确的“标准”。增肌训练不是舞蹈，不是武术，所谓唯一的绝对的标准动作，其实是不存在的。

书也好，培训老师也好，或者训练老手也好，都喜欢告诉你，你这样练不对，应该那样练，手应该放这里，脚应该放那里，等等。

训练动作的规范肯定是有的，而且很重要，但是不是所有人都应该遵守一个范本呢？不是。

每个人的生理结构不一样，如同每个人都长得不一样。我们的骨骼、肌肉、结缔组织的形态，其实都是千差万别的，甚至差异很大。

所以，真正安全有效的动作，还是要配合具体的个人身体形态。同样一个动作，可能具体到每个人，“标准”就不太一样了。

也就是说，标准动作是有的，但这个“标准”是相对的标准，是有一定正确区间的标准，允许根据个人的情况做一些相应调整。

很多训练动作做一些变形处理之后，不能说错了，而是训练的侧重产生了一些差别。

绝对的标准动作不存在。我们在训练的时候，应该注意动作规范，这是绝对没错的事。但是不能教条，还是要根据个人的情况来做适当调整。

【划重点】

增肌训练没有绝对的标准动作。

举个真实的例子。我认识一个人，因为肩峰类型的原因，肩峰下空间先天就比较小。通俗地说，他的骨头长得比较特殊（这种特殊在人群中比例也不算小）。他用侧平举动作练肩，听说做标准动作时要有一个“倒水”的感觉，上臂内旋，拳眼向下指。他也照做，久而久之把肩膀弄伤了，现在胳膊都抬不了特别高。这就是因为他本身的骨骼形态特征不适合这样练。

还是那句话，训练的时候，要根据自己的具体情况来做，不能太教条。

另外，现在不管是培训也好，所谓老手的“谆谆教诲”也好，存在一种不好的风气，就是喜欢化简为繁。我们知道，肌肉的构成是很复杂的，想要把本来就复杂的运动解剖讲复杂非常容易，反而提炼精华、关注根本，把复杂的问题简单化比较难。很多人喜欢尽可能复杂化运动解剖，实在是有故弄玄虚的嫌疑。

对于增肌训练，太复杂的运动解剖我们真的都能用得上吗？这个地方还要打个问号。有的时候，真的是够了就好，多了反而容易把人弄迷糊。

所以我建议大家在学习运动解剖知识的时候，要遵循从简到繁的基本学习原理，先从主干知识开始把握。很多小肌肉复杂的解剖，不用太纠结，我建议，甚至可以刻意地避免过多接触。

另外还要强调一件事，增肌训练是“外行看动作，内行看要素”。过分重视训练动作，说明你还没入门。所以本书讲训练动作目的是，把握基本动作、精华动作，并且通过动作帮助你理解肌肉的基础运动解剖。这样你以后再学新动作，甚至自己安排动作，就能得心应手了。

所以我们不追求动作的数量，不会罗列很多训练动作来取悦读者，每一个动作都是精挑细选的，是最有必要掌握的，这也是我认为最好的传授知识的方式。

运动解剖太复杂，如何秒懂训练动作

很多人学习训练动作，觉得很难。实际上，出现这种情况是因为你没有掌握好学习方法，没有把握肌肉训练动作的根本。

所以我们首先讲如何把握一个训练动作的核心，如何迅速地掌握一块肌肉的运动解剖，从而达到快速入门的目的。

先看下面的图。

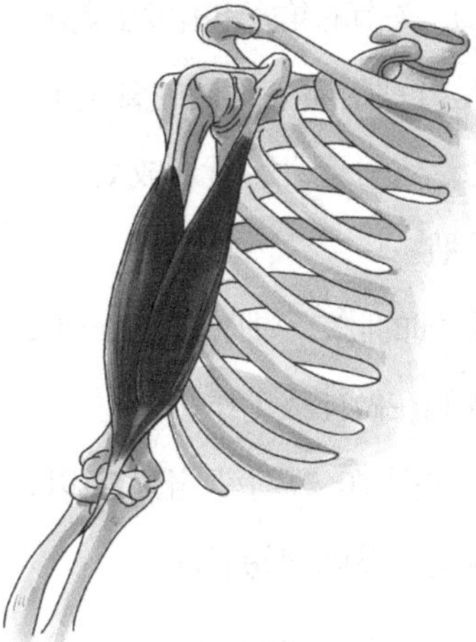

肱二头肌

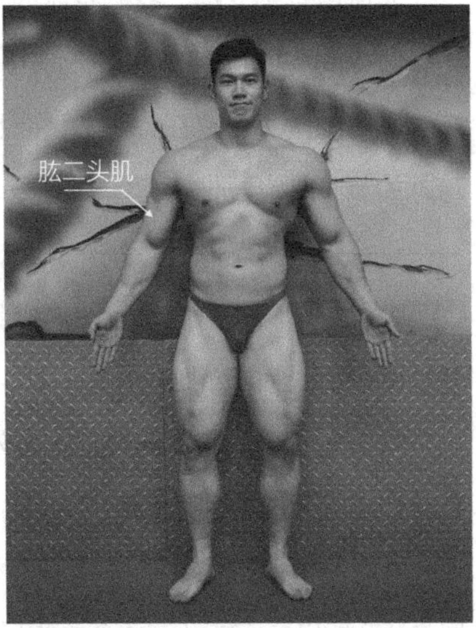

这是我们胳膊上肱二头肌的解剖图，对比真人的示意图，我们能找到肱二头肌的位置。

在肌肉解剖图里能看到，中间深色、如梭子状的东西就是肌肉。为什么叫肱二头肌呢？因为我们能看到两个“梭子”，这两个梭子下面连在一起，上面分出两个“头”，这个“头”就叫“肌头”。有两个“肌头”，所以叫肱二头肌。

我们身上有很多肌肉都是这种梭子形的（还有一些肌肉是其他形状的）。了解肌肉，主要把握两个要点。

第一，把肌肉想象成一根能收缩的链条，能长能短。

链条缩短、拉紧，就产生力量。肌肉也一样，肌肉能自己收缩，收缩时就能产生力量，就是这个力量让我们的身体做出各种动作。

第二，肌肉是附着在骨头上的，而且是跨越关节的。

人体由骨头支撑，我们身体的活动、动作其实都是因为骨头在动。骨头和骨头之间形成关节，骨头一动，关节的角度也就发生变化。

肌肉的两头附着在骨头上，而且是分别附着在不同的骨头上，跨越关节。肌肉一收缩，骨头以关节为活动轴运动，就形成动作。

了解了这两点，我们看一下肱二头肌。

先看解剖图，对应模特图片找到我们的肱二头肌，想象一下，并且试一下，肱二头肌收缩的时候，我们在做什么动作。

肱二头肌一头连在前臂上，另外一头连在“肩膀”上。所以，它一收缩，一拉紧，我们形成的动作就是前臂向肩膀靠近。

再看关节。肱二头肌跨越了两个关节，一个是肘关节，一个是肩关节。所以，它能让这两个关节都活动，形成很复杂的动作。

前臂和肩膀，活动的关节是肘关节，想一下这是什么动作。就是我们肘部弯曲的动作。这个动作，解剖学上叫屈肘。

训练新手最熟悉的一个训练动作，叫二头肌弯举，就是屈肘的动作。

但是，肱二头肌还同时跨越肩关节。所以很多人不知道，肱二头肌除了屈肘，还有一个功能，就是参与肩部活动。比如我们做手臂侧平举这个动作的时候，肱二头肌也能参与发力。

肌肉只要是跨越一个以上关节，那这块肌肉的功能就比较复杂了。

说到这儿，大家可能就知道我们该怎样去把握一块肌肉的功能，或者说一个动作的实质了。

比如我们老是弄不明白，某一个动作到底是训练哪块肌肉的。其实，我们只需要看看，这个动作使哪块骨头靠近哪块骨头，那么这个动作，一般来说就是训练连接这两块骨头的肌肉的。

或者我们看关节。一个动作里，哪个关节活动了，那么这个动作一般就会训练到跨越这个关节的肌肉。

反过来说，想知道一块肌肉应该用什么动作去训练，只要关注肌肉附着在哪两块骨头上，它跨越哪个关节。一个动作如果能让这两块骨头靠近，关节角度发生变化，我们就能确定这个动作是训练这块肌肉的。

还是拿肱二头肌举例，肱二头肌在肘关节上的作用就是屈肘，前臂靠近肩膀。所以，只要是屈肘的动作，就都能训练到肱二头肌。如果想练肱二头肌，一般安排一个屈肘动作就可以了。只要是屈肘动作，都能直接或者间接地训练到肱二头肌。

比如有很多练背部肌肉的动作都有个屈肘，所以也能同时训练到肱二头肌。

男人的标志——白话胸肌运动解剖

下面我们开始讲具体的训练动作，先讲胸肌。大家结合上面我讲的知识，就能很快弄懂胸肌的功能和训练动作。我们先看一下胸肌的肌肉解剖图。

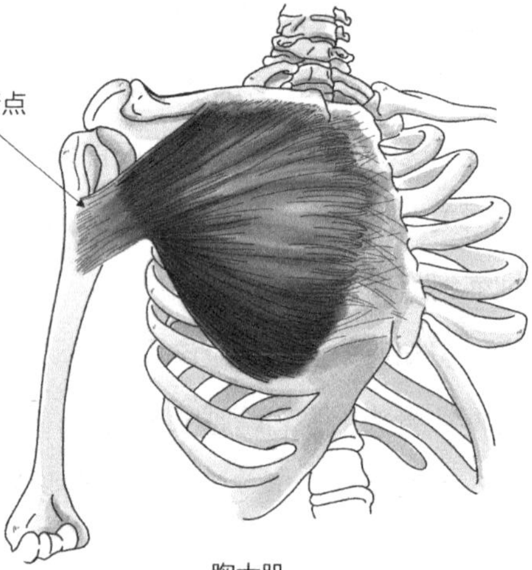

胸大肌

根据上一节教的方法，我们先弄清两个问题。

1. 胸肌连着哪两根骨头（或者哪两个地方）。

2. 胸肌跨越什么关节。

要回答这两个问题，我们看解剖图一目了然。从图中能看到，胸肌不再是梭子形的了，而是一块扁宽的肌肉。它的一头连着上臂，另外一头是条弧线，有一部分连着锁骨，有一部分连着胸骨。

胸肌跨越什么关节呢？肩关节。

简单一点说，胸肌就是一头连着上臂，一头连着胸部，跨越肩膀。所以，只要是上臂靠近胸部的动作，都能练到胸肌。毫无疑问，这时候肩关节也活动了。

我们举个所有人都知道的动作做例子——俯卧撑。俯卧撑，很多人可能觉得是练胳膊的，因为好像胳膊在动，其实不完全对。

我们想一下，胸肌的一头连着上臂，所以，上臂的很多动作肯定跟胸肌有关，而不仅仅是胳膊上肌肉的事。

实际上，我们可以记住一个规律：躯干上的肌肉收缩，上臂动；上臂的肌肉收缩，前臂动；前臂的肌肉收缩，手腕和手指头动（我们有时候用手洗衣服、拧衣服，会觉得前臂很酸，就是这个道理），都是“错一级”。我们想想这些肌肉连着的那些骨头，就能明白了。

再看俯卧撑，只看上臂和胸部，我们会发现，做俯卧撑的时候，上臂是靠近胸部的。所以，俯卧撑虽然也能用到胳膊上的肌肉，但是主要的训练位置是胸肌。

【划重点】

说上臂靠近胸部，这个说法有些人会觉得太模糊，我换一种更简单直接的说法。大家注意，所有肘部从身体后侧向身体前侧运动的动作，都是练胸肌的。

俯卧撑，毫无疑问就是这样一个动作轨迹，肘部从身体后侧向身体前侧运动。但是也要注意，这里还有一个阻力方向问题。阻力方向和关节的运动方向要基本平行才行。也就是说，目标肌肉要能使得上劲儿才能达到训练的效果。比如有个动作叫哑铃扩胸，虽然也是两肘从后往前运动，但并不能练胸。因为哑铃的阻力方向是垂直于地面的，肘部的运动方向是平行于地面的，所以虽然胸肌收缩，但是根本用不上多少力，真正发力的是肩部肌肉。

我们整体讲了一下胸肌，现在再回去看一下胸肌的肌肉解剖图。我们注意看胸肌，是不是能看到一丝一丝的“线”？这东西就是“肌纤维”（这个肌纤维要打引号，原因比较复杂，暂时这里不讲）。肌肉就是由一根根肌纤维按照一定的顺序排列组成的。

肌肉收缩，其实是肌纤维在收缩。对于梭子形的肌肉，肌纤维都是平行的，所以如果所有肌纤维一起收缩的话，肌肉收缩力的方向就是一个方向，很简单。

但是，像胸肌这样又扁又宽大的肌肉，肌纤维不是平行的。胸肌好像一把扇子，肌纤维好像扇子的扇骨。

那么我们想一下，这时候不同位置的肌纤维收缩，产生的收缩力的方向是不是就是不一样的？

所以，整体上，胸肌的作用就是让人的肘部从后往前运动。但是因为肌纤维的角度不一样，所以这个从后往前的运动也有很多角度。比如可以是从后下方往前上方运动，还可以从后上方往前下方运动，当然也可以平着运动，即上臂和地面平行，肘部从后往前运动。

所以，都是练胸肌的动作，动作变形不同，侧重训练的胸肌上的肌纤维就不同。

总的来说，我们把胸肌上的肌纤维分成两部分，一部分叫上部胸肌，或者叫胸肌的锁骨部分。这部分胸肌，简单说就是连接着锁骨的那部分胸肌肌纤维。另外一部分叫中下部胸肌，或者叫胸肌的胸骨部分，也就是连接着胸骨的胸肌肌纤维。

不同的动作，对上下胸肌的训练侧重有所不同。

【划重点】

肘部从后下往前上方运动的动作，偏重训练上部胸肌；从后上往前下方运动的动作，偏重训练下部胸肌。平着运动的动作，基本上两部分胸肌训练的比重差不多。

我们可以边看书边感受一下这三类动作。

胸肌训练基本动作——推胸

下面我们讲一下胸肌训练的几个常见动作。

掌握一个肌肉部位的训练动作时，一定要先把握基本动作，再把握变形动作。基本动作是基础，变形动作都是从基本动作得来的，这个逻辑很重要。

对于胸肌来说，基本动作就两个，一个是推胸，一个是夹胸。

推胸，顾名思义，就是一个推的动作，我们想象一下用双手一起推门，大概就能明白这个动作了。看下图的动作。这个动作就是胸肌训练的一个最基本的动作，卧推。说白了，就是人躺着，双手往上推重物。这时我们可以回想一下，俯卧撑是不是跟卧推是一个动作？只不过一个是用杠铃、哑铃当重物，身体不动，重物移动；一个是用身体的体重当重物，双手不动，身体上下移动。

所以，把握训练动作的实质很重要，这样你就能摸清复杂动作的脉络了。

杠铃卧推这个动作很简单，基本分解如下：

1. 平躺在卧推板上，双脚分开支撑地面使身体稳定。挺胸，肩胛骨自然稍微内收。

2. 双手比肩宽，找到杠铃的平衡位置，握杠。新手建议使用“闭锁”的握法，也就是好像双手正常抓东西一样，好处是相对安全。上面图片中模特使用的是“开放”握法，适合有训练经验的人。这两种握法都不能算错。

3. 把杠铃从杠铃架上取下来，慢慢下放到杠铃杆触碰胸部大概乳头的位置，然后慢慢推起。

4. 完成一组后，把杠铃放回杠铃架上。

杠铃卧推的注意要点如下：

1. 双手的距离要比肩宽，做动作时两个手肘要打开，不能有夹着的感觉。

2. 腰部可以稍微反曲，让臀部和肩胛骨稳定贴近卧推板，但不要过度反曲。

杠铃卧推是胸肌“推”的动作的代表，但不是很适合新手训练，主要的原因是不太安全。对于新手来说，更适合用卧推器来训练，如下面这个动作。

我们能看到，其实动作跟杠铃卧推没多大差别，只不过是人坐着，用的是固定器械，运动轨迹是固定的，这样安全得多。

同样，用哑铃也可以做卧推这个动作，如下图。

卧推是基本动作，它的变形动作主要表现在推的方向上，即上斜卧推和下斜卧推。

上斜卧推，就是卧推板不是水平的，而是向上倾斜的，如下图。

我们观察上斜卧推的动作，看肘部是不是从后下方往前上方移动？我们前面讲过，这种方式侧重训练的是上部胸肌。

自然，有上斜就有下斜。下斜卧推，肘部的动作轨迹是从后上方往前下方移动，所以下斜卧推偏重训练下部胸肌。

哑铃卧推、坐姿卧推器也是一样。我们观察肘部的运动轨迹，就能判断这种卧推侧重训练的是哪部分胸肌。

留一个思考题：俯卧撑也是一个推胸动作，如果做脚高于头部（双脚支撑在高于地面的地方）的俯卧撑，那么侧重训练的是胸肌的哪个部分呢？

关于卧推的变形动作，需要补充说明几点。

1. 对于所谓“中部胸肌”来说，平板卧推的效果最好。

2. 上斜卧推，对三角肌的前束也有不错的刺激。

3. 卧推时，两只手的握距较宽，对胸肌的训练效果较好。握距窄，比如窄于肩宽，对肱三头肌的刺激会增加。其实我们会发现，握距变窄的时候，双肘就无法自然打开了。所以对于大多数上肢的训练动作，“动作变化看肘部”是一个很好的方法。

4. 卧推训练实际上也能使用到背阔肌，胸肌和背阔肌互为拮抗肌，在训练时会出现交叉刺激。通过肌电研究发现，卧推的变形动作中，对背阔肌刺激效果最明显的是下斜卧推[1]。

5. 一般来说，下斜卧推能推起最大的重量，其次是平板卧推，力量最小的是上斜卧推。

在练胸肌的“推”的动作当中，还有一个比较特殊，就是双杠臂屈伸。这个动作，我们观察肘部的运动也是从后往前，而且是很明显地从后上方往前下方运动，如下图。

[1] Barnett C, Kippers V, Turner P. Effects of variations of the bench press exercise on the EMG activity of five shoulder muscles [J]. J Strength Cond Res 9: 222-227, 1995.

所以我们知道，这个动作侧重下部胸肌的训练。

同时这个动作也是一个训练肱三头肌的动作，当我们做这个动作的时候，身体前倾，对胸肌刺激就更明显一些；身体直立，对肱三头肌刺激就更多一些。

胸肌训练基本动作——夹胸

本节讲胸肌训练的第二个基本动作，夹胸。

夹胸，就是两只胳膊往里夹的动作。这个时候，我们看上臂，是从后往前运动。夹胸动作主要是训练胸肌的，次之还能训练到三角肌的前束。最基本的夹胸动作就是仰卧飞鸟，如下图。

做这个动作时，两只胳膊的动作就好像飞鸟扇动翅膀一样，所以叫仰卧飞鸟。

仰卧飞鸟的基本分解动作如下：

1. 仰卧在平板上，挺胸，肩胛骨自然内收。

2. 双手抓哑铃，两臂展开，双肘自然微微弯曲。

3. 保持双肘弯曲，胸部发力，掌心相对，两手向中间夹。

仰卧飞鸟的注意要点如下：

1. 双肘打开，不要夹肘。

2. 做动作时双肘始终保持自然微屈，角度基本不变。

3. 双手打开时，不用放得特别低，基本上达到自然拉扯胸肌的程度就可以了。

仰卧飞鸟，同样也可以用上斜板或者下斜板来做。同样，上斜板飞鸟侧重训练上部胸肌，下斜板飞鸟侧重训练下部胸肌。

夹胸类的动作分很多种，其实都是仰卧飞鸟的变形，比如用固定器械蝴蝶机夹胸，如下图。

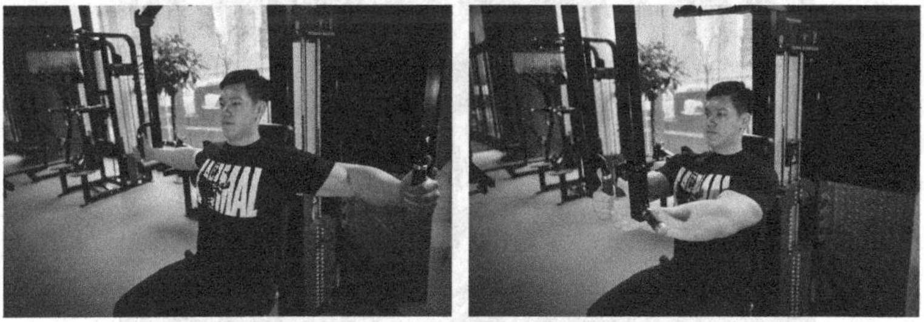

做蝴蝶机夹胸时，座椅的高低决定了训练的侧重。座椅调得比较高，双手合拢的位置在胸部靠下的位置，那么训练侧重的就是下部胸肌；反之，则是上部胸肌。双手合拢的位置在哪儿，就主要训练哪儿。

夹胸的动作还可以用龙门架来做，这也是一个比较常见的胸肌训练动作，如下图。

如果双手合拢的位置比较靠上，那么侧重训练胸肌的位置也比较靠上；反之，如果双手合拢的位置靠下，则侧重训练下部胸肌，如下图。

做夹胸动作时不管采用什么方式，基本的一个要点就是双肘始终应保持一个微弯曲的角度不变，仅仅是肩关节活动，肘关节不要活动。

腋下生“翅”——白话背阔肌运动解剖

我们再说说背部的训练动作。

刚才说过，胸肌、背阔肌是一对拮抗肌。我们配合背部肌肉解剖图，简单解释一下拮抗肌的意思。

下图是背阔肌的肌肉解剖图。背部肌肉其实是一个肌肉群，不光有背阔肌，但是背阔肌是这个背部肌肉群中最核心，也是最重要的一块肌肉。

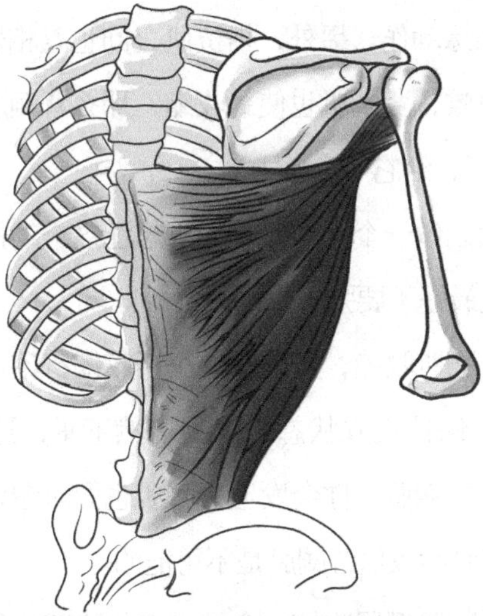

背阔肌

这个解剖图的视角是从后面看身体，我们能看到，背阔肌连接的地方是上臂（肱骨）和脊柱。用白话来说，就是一头连接大胳膊，另外一头连接着后背以及腰。

那么我们想象一下，背阔肌如果收缩，我们的胳膊会怎么运动？一定是从前往后运动。

胸肌的作用，是让胳膊从后往前运动，背阔肌则是从前往后运动，这两个部位的肌肉的运动轨迹正好是相对的。所以，它们是一对拮抗肌。

同样，我们屈肘（让胳膊弯曲）和伸肘（让胳膊伸直），也是一对相对的动作。那么做这两个动作的主要肌肉，肱二头肌和肱三头肌也是一对拮抗肌。

拮抗肌，可以放在一起理解，这样比较容易把握它们各自的运动轨迹，理解训练动作。另外，拮抗肌之间也互相影响，比如，如果胸肌收缩的时候，背阔肌也使劲收缩，那么背阔肌收缩就会给胸肌收缩“帮倒忙”，给它一个负力。

所以，当我们做一个动作时，如果想让这个动作力量发挥到最大，那么拮抗肌最好不要强烈收缩。

但是，如果胸肌收缩，背阔肌完全不收缩行不行呢？也不行。你可以试一下，保持直立状态，双手自然下垂，这时不做任何动作，但是绷紧你的胸肌，你会发现背阔肌也同时绷紧了，在这个状态下想要绷紧胸肌而放松背阔肌是不可能的。

这是因为，胸肌绷紧收缩，会拉动你的胳膊往前跑。而你想要保持胳膊不动，背阔肌必须收缩，以对抗胸肌拉动胳膊的力。

所以，拮抗肌的设计很有用，这样可以保持关节的稳定。假如我们一个关节周围的拮抗肌一个方向力量很大，另一个方向力量很小，那么运动的时候关节就容易不稳定，甚至出现问题。

下面我们讲一下背阔肌的功能。

【划重点】

背阔肌的功能，简单来说，就是让胳膊从前往后运动。更细致一点说，因为背阔肌连接的是上臂和脊柱，所以，任何上臂靠近脊柱的训练动作都能练到背阔肌。

上臂靠近脊柱，大家可以想象一下，都有哪几种靠近的方法呢？最主要的有两种，一种是从上往下靠近，一种是从前往后靠近。

从上往下靠近怎么理解？比如我们做广播体操，有个动作叫两臂侧平举。在两臂举起来的过程中，上臂是从下往上远离脊柱；而动作还原，两臂再放回体侧，就是上臂从上往下靠近脊柱。

还有一种靠近是从前往后，最典型的动作就是划船。我们想象一下划双桨的动作，上臂的运动轨迹就是从前往后靠近脊柱。

背阔肌训练基本动作——下拉

两种最主要的上臂靠近脊柱的方法，产生了两个最重要的背阔肌训练基本动作，一个是下拉，另一个是划船。

下拉动作如下图。

这个动作叫高位下拉，或者下拉。我们观察图中模特上臂或肘关节从上往下靠近脊柱的动作。

下拉基本分解动作如下：

1. 坐在器械座椅上，挺胸直腰，稍稍自然抬头。两只手握住拉杆两侧，双手距离稍远一点，基本握住拉杆最边缘的位置。

2. 双手向下拉拉杆，同时保持挺胸，上身可以稍稍后仰。

3. 让拉杆基本触碰到上胸部之后，慢慢还原动作。

下拉的注意要点如下：

1. 始终保持挺胸抬头的状态，两个肩胛骨可以稍微自然地夹紧，一定不要弯腰驼背。

2. 在下拉的过程中，上身可以稍微后仰，这样动作比较自然，同时下拉的幅度也会更大。

3. 拉到底端的时候，注意要更加挺胸，腰部可以稍稍反曲。

实际上我们可能会发现，有一个大家都很熟悉的动作跟下拉是一回事，那就是引体向上。

引体向上其实跟下拉是一样的，也是上臂从上往下靠近脊柱，只不过引体向上是用我们自身的体重当成重物，把身体拉起来。而下拉是身体不动，把重物拉起来。

引体向上之于下拉，如同俯卧撑之于卧推。

下面我们说说下拉的变形动作。下拉的变形，只能在双手的握距和握法上做文章（当然，还有人喜欢颈后下拉，这个动作安全性低，我们不推荐），一般分成如下几种。

1. 两只手握距近一点，这叫窄握下拉。

2. 两只手手心向前握（正握），也就是图片中模特的握法。

3. 两只手手心向后握（反握）。

有人说，这些握法的不同导致练背的宽度和厚度不同，其实不对。不同的握法主要会让参与这个动作的其他肌肉的发力程度有所不同。这些肌肉主要有：肱三头肌、大圆肌和三角肌后束。

最常见的正握、宽握的方法，对背阔肌、大圆肌、肱三头肌训练程度最好；窄握或者反握，则对三角肌后束的训练效果较明显。

背阔肌训练基本动作——划船

我们再讲一下背阔肌训练的另一个基本动作，划船，如下图。

划船就是上臂从前往后靠近脊柱的动作。划船动作也是一个系列，有很多不同但都属同一类型的动作。最基本的划船动作就是器械坐姿划船。

坐姿划船的基本分解动作如下：

1. 坐在座椅上，双脚踏住踏板，挺胸抬头，腰部挺直。

2. 双手握紧拉杆，掌心相对或向上、向下都不算错，不同握法有不同的训练侧重。

3. 保持挺胸抬头、腰部挺直的姿势不变，双肘自然下垂，把拉杆拉向腹部。

坐姿划船的注意要点如下：

1. 要始终保持挺胸抬头的姿势，不能驼背。

2. 腰部始终要挺直。

3. 双手向后拉的时候，身体可以稍稍后仰，但是不要明显后仰。

坐姿划船的器械种类很多，但是基本的动作都是一样的。坐姿划船的变形动作跟下拉一样，主要是手的握法差别。比如下图这种宽握和反握的变形。

还有宽握和正握的变形，如下图。

我们可以留心观察并且感受一下，宽握、窄握、正握、反握的时候，主要发生变化的是肘部的位置（上肢动作看肘部）。

例如，宽握的时候，两肘打得更开，更远离身体；窄握的时候，两肘更靠近身体，有种“夹着”的感觉。

肘部“夹”在身体两侧，这样更侧重背阔肌的训练；肘部打开一些，会更多地训练到斜方肌；肘部靠下，更多地训练背部和斜方肌下部；肘部靠上，会相对侧重于训练背部和斜方肌上部。

说到斜方肌，我们顺便简单讲一下这部分肌肉。

斜方肌是从脖子一直延伸到背部的两个“大三角”。我们看解剖图，可以粗略地认为，它连接的是肩胛骨和脊柱。

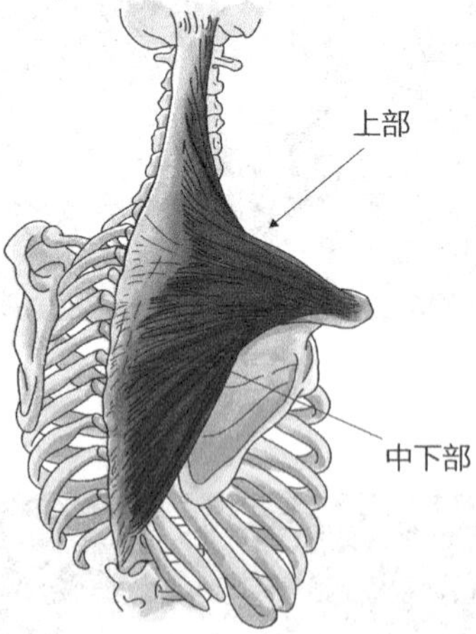

斜方肌

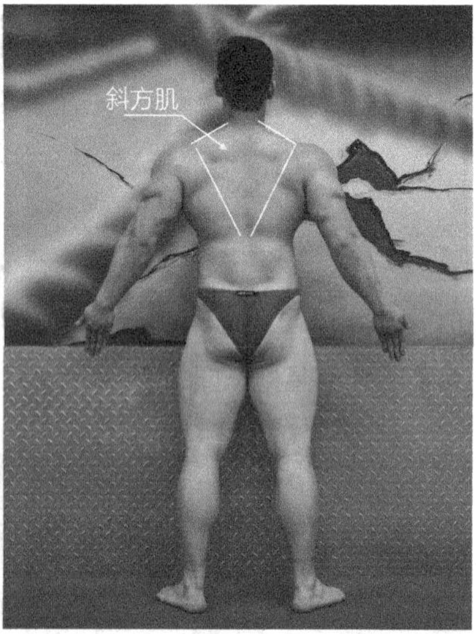

所以总的来说，斜方肌的作用是让肩胛骨靠近脊柱，我们夹紧两个肩胛骨的动作主要就是斜方肌在收缩。

【划重点】

斜方肌的主要功能就是让肩胛骨靠近脊柱。

我们观察，斜方肌有点像胸肌，肌纤维的走向也很复杂，有的向斜上方，有的水平，有的向斜下方。所以，斜方肌其实也分成上、中、下三个部分。

斜方肌的上部，相当于把枕部、脖子和肩胛骨连在一起了，所以其主要作用就是让肩胛骨靠近脖子和头，即做耸肩的动作；中部斜方肌，主要作用是让肩胛骨往内收，也就是肩胛骨往里夹；下部斜方肌则让肩胛骨往下沉。

如果斜方肌训练发达，会显得这个人很有力量（脖子很宽甚至“没脖子”）。上部斜方肌的训练主要是耸肩，比如哑铃耸肩，如下图。

双臂侧平举这个动作，如果举得高，也会用到斜方肌的上部，我们讲到肩部训练的时候会讲到。

下面再说回划船，划船还有几种类型的动作，比如用杠铃和哑铃也可以做划船动作。下图这个动作就叫单臂哑铃划船。

单臂哑铃划船的基本分解动作如下：

1. 一条腿跪在哑铃凳上，同侧手支撑，另一条腿稍微向后跨步支撑。

2. 上身跟哑铃凳基本平行，腰部绷直，单手握哑铃，掌心向内或者向后都不算错，推荐向内，比较舒服。

3. 向上沿弧线拉起哑铃，哑铃收在腰部的位置。

单臂哑铃划船的注意要点如下：

1. 腰部要始终绷直。

2. 支撑脚稍微靠后，给动作留出空间。

3. 哑铃要弧线拉起，千万不要耸肩。

其实我们看单臂哑铃划船这个动作，跟坐姿划船本质上是一样的。不过大家要注意，说某两个动作本质上是一样的，不代表说这两个动作可以相互替代，也不代表这两个动作训练效果完全一样，只是说它们都属于一类基本动作。

杠铃同样可以做划船的动作，如下图。

做杠铃划船动作时需要特别注意的就是，腰部一定要始终绷紧挺直，同样是用一个弧线拉起。但这个动作并不太适合新手，相对来说安全性要低一些。

宽阔的双肩——白话肩部肌肉运动解剖

接下来我们讲肩部肌肉。肩部肌肉也叫三角肌，因为它的形状就像一个三角。

如右图，这是从身体的一侧看肩部肌肉。形象地说，肩部肌肉好像一个壳一样扣在我们的肩膀上。

三角肌分成3个部分，分别是前束、中束、后束。

肩部肌肉

三角肌这三个束，其中一头都连在肱骨上，也就是上臂上。所以我们可以知道，三角肌是负责胳膊活动的。这三个束的另外一头，连在锁骨和肩胛骨上。

说到锁骨和肩胛骨，可能很多人没有概念。我们可以这样理解，三角肌一头连着胳膊，另外一头连着肩膀，跨越的关节是肩关节。

所以，三角肌一收缩，就把胳膊往起拽。也就是说，我们抬胳膊，不管是往前抬，还是侧平举，或者是往后抬，都要用到三角肌。

【划重点】

任何训练动作，只要有抬胳膊的动作，一般都有练肩的作用。

而三角肌的三个束，前束、中束、后束，刚好就分别偏重负责胳膊往前抬（上臂前屈）、侧平举（上臂外展）和往后抬（上臂后伸）的。

为什么叫“偏重负责”呢？因为胳膊不管怎么抬，基本都不会只用到三角肌的某一个束。只不过，往前抬就偏重练三角肌前束，侧平举偏重练中束，而往后抬则偏重训练三角肌后束。

比如我们很熟悉的举重，最后运动员要把杠铃从肩膀上举过头顶，这个举杠铃的动作就主要用到肩部肌肉。我们不看前臂，看上臂，其实它就是一个抬胳膊的动作。

三角肌的前束和后束还分别有一个功能，就是让胳膊在水平面上从后往前和从前往后运动。

三角肌前束，可以让胳膊在水平面上从后往前运动。这个动作就是我们上面说的夹胸。所以我们也说过，夹胸动作在夹的过程中，胸肌发力的同时，也会用到三角肌前束。而这个动作的还原动作，就是三角肌后束在发力。

如下图，就是训练三角肌后束的一个动作，把蝴蝶机夹胸反着做。

三角肌训练基本动作——推举

三角肌训练有两个基本动作，一个是推举，一个是平举。

推举，就是我们举例时说的举重在最后那一刻举起杠铃的动作。

如下图，这是一个哑铃推举的动作，是肩部训练的推举动作中最常用的。当然你也可以用杠铃推举，只是杠铃推举的难度要比哑铃推举大一些，不是很适合新手。

哑铃推举的基本分解动作如下：

1. 坐在训练椅上，腰部和肩胛骨贴紧椅背。

2. 挺胸抬头，腰部挺直，双手执哑铃，放在大概耳朵的高度上。

3. 双手推起哑铃，手臂不需要伸得特别直。

哑铃推举的动作要点如下：

1. 要始终挺胸抬头，腰部挺直。

2. 推起哑铃的时候不要耸肩。

3. 注意感受上臂带动前臂往上推的感觉。

当然，哑铃推举也可以采用站姿，但是坐着推举对肩部肌肉的训练效果更好。原因是坐着推举身体更稳，这样你就能推起更重的重量；而站姿推举重心高，身体不稳，所以很难推起特别重的重量。

但是，如果你希望提高平衡能力的话，那么站姿推举会更好。或者你想通过力量训练减脂，那么站姿推举一般更好，因为站姿推举时，会有更多肌肉参与收缩，稳定身体姿态。

下面我们说说推举重点训练三角肌的哪个束。很多人可能会觉得，做推举动作时胳膊是从中间抬起的，那训练的肯定是三角肌的中束。其实不然，推举主要训练的还是三角肌的前束。这是因为，坐姿推举的时候，身体一般都会稍微后仰，训练椅的椅背一般也是后仰的，这样训练的重点就从中束变成了前束。

如果身体完全正直，则中束的训练效果会相对更明显些，只是动作比较别扭。

有些人喜欢颈后推举，这个动作并不推荐，尤其是对那些肩部结构不太适合的人来说，会明显地增加肩部受伤的可能。

推举基本没有什么变形动作，无非就是用哑铃、杠铃或训练器推举的区别。

如下图是训练器推举，我们能看到座椅明显后倾。

三角肌训练基本动作——平举

我们再说说三角肌训练的第二个基本动作，平举。

平举主要是侧平举的动作，这个动作最基本的做法是哑铃侧平举，如下图，训练侧重的是三角肌中束。

哑铃侧平举这个动作很简单，我们只讲一下训练要点。

1. 可以采用站姿，也可以采用坐姿，站姿的好处是动作比较顺，坐姿的好处是不容易借力，也就是不容易借身体的力量向上甩哑铃。

2. 身体不需要特别正直，甚至可以稍稍往前倾。

3. 完成动作时不要耸肩。

4. 也可以单手完成，轮换着训练两只手。单手哑铃侧平举一般容易举起更大的重量。

5. 不需要举得很高，手臂基本与地面平行即可。

有人说，如果哑铃侧平举举得很高就是错的，那也不一定。哑铃侧平举在举起约45度的时候，斜方肌发力比较少，超过这个角度，斜方肌发力会逐渐增加。所以，如果举得很高，那么到后期，基本上就比较偏重训练斜方肌了。所以举得高不能算错，最多只能说把肩部的中束和斜方肌一起训练了。

哑铃侧平举还可以用滑轮和绳索的训练器来训练。这种训练的好处是在动作的初始阶段，肌肉就承受比较大的张力；而哑铃侧平举，因为阻力是竖直向下的，所以在一开始的时候，肩部受力并不明显。

平举有一个变形动作，就是直立划船，或者叫直立提拉。如下图，我们注意看上臂的动作，其实这也是个平举动作。

直立提拉的基本分解动作如下：

1. 正常姿势站立，不需要过分挺胸。
2. 两手抓杠铃，握距比肩略窄。
3. 双肩发力，提起杠铃，直到杠铃杆差不多碰到下巴。
4. 慢慢还原动作。

直立提拉的动作要点如下：

1. 提拉要足够高，手肘至少要高于肩膀。
2. 提拉过程中不要耸肩。
3. 杠铃杆要基本贴近身体。

同样是平举，除了侧平举还有前平举，也就是胳膊往前抬，这是侧重训练三角肌前束的动作。

如下图，前平举可以用杠铃，也可以用哑铃。

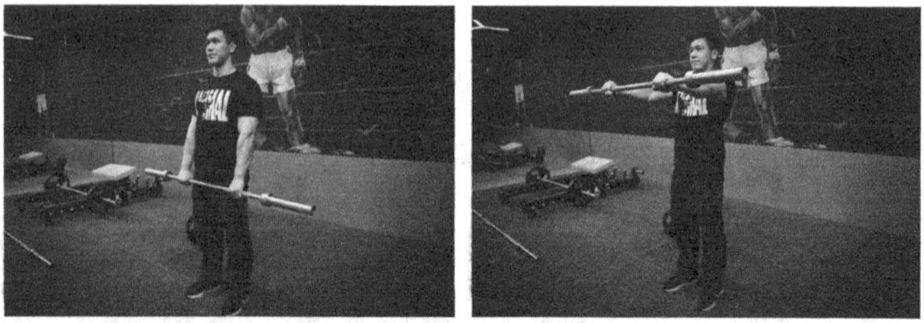

三角肌后束训练基本动作

那么三角肌后束怎么练呢？我们先想一下三角肌后束的功能，一个就是让胳膊往后抬，上臂后伸。

但是上臂后伸这个动作的幅度很小，不好设计。所以训练后束一般用它的另外一个功能，就是让上臂水平地从前往后运动。

我们上面说过的蝴蝶机反着用，就是训练三角肌后束的动作。同样，这个动作用哑铃也可以做，叫俯立平举，如下图。

虽然动作很简单，但是要注意以下两点。

1. 腰部一定要绷直，保持直立。

2. 肘部自然弯曲，在做动作的过程中不需要伸得过直。

肱二头肌基本训练动作——弯举

肱二头肌可能是我们最熟悉的肌肉，在本章前面的小节里讲过它。肱二头肌连接着前臂和肩膀，跨越肘关节和肩关节两个关节，它的基本功能是弯曲胳膊，也就是屈肘。

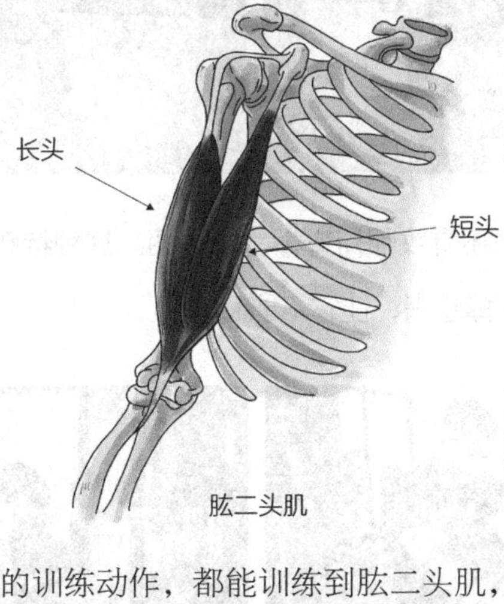

肱二头肌

所有屈肘的训练动作，都能训练到肱二头肌，所以绝大多数背部肌肉的训练都能练到肱二头肌。肱二头肌的基本训练动作如下图。

弯举动作很简单，也可以用哑铃做站姿弯举，或者用单只哑铃做集中弯举。

做集中弯举时，手肘靠在大腿上，上身稍微前倾，如下图。把手肘靠在一个地方做弯举，好处是没法借助身体的力量甩哑铃。

这类的动作还有牧师椅弯举，如下图。这种特殊的“椅子”就是为了把肘部支撑起来，让它不能乱动。

当然，也有固定器械弯举，如下图。它的好处是，拉力绳始终会给你一个拉力。

握法的改变，如宽握、窄握、正握、反握、自然握法，形成了弯举的变形动作。一般来说，宽握（两手距离比肩明显宽），更多侧重训练肱二头肌内侧的短头；窄握则更多刺激肱二头肌外侧的长头。

撑爆衣袖——白话肱三头肌运动解剖

肱三头肌的位置在上臂的后侧，是一块状似马蹄形的肌肉。很多男人喜欢胳膊粗一点，希望能“撑爆衣袖”，那么肱三头肌的大小是很重要的。

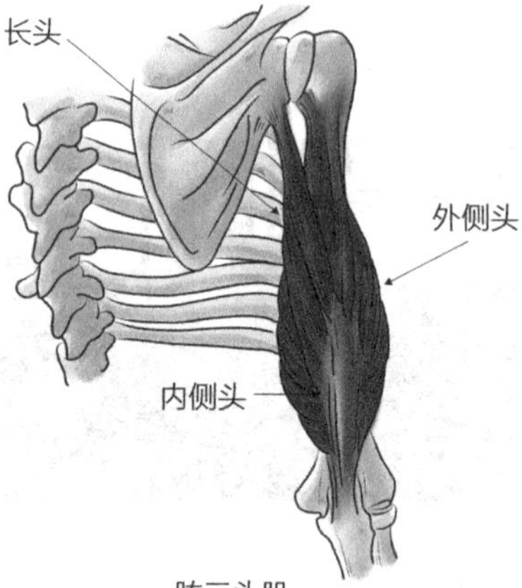

肱三头肌

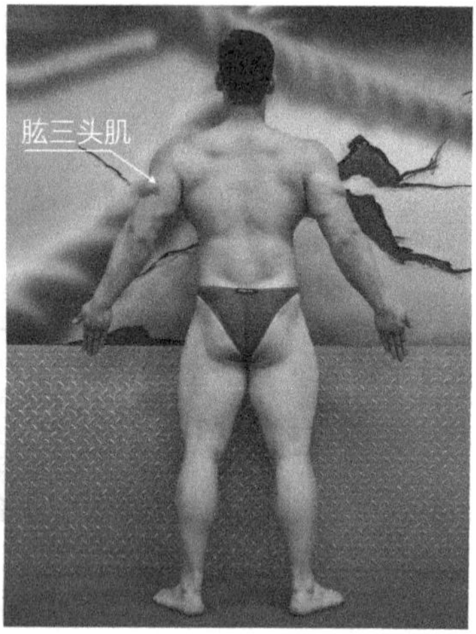

我们讲肱二头肌的时候讲过什么叫“肌头”。肱三头肌，顾名思义，它有3个肌头。肱三头肌其中的一端都附着在前臂上，所以肱三头肌的作用是让前臂运动。

肱三头肌（以下都叫“三头肌”）的另一端比较复杂，其中两个肌头（内侧头、外侧头）的一端连接着肱骨，也就是上臂，这样就仅仅跨越肘关节；另外一个肌头（长头）的一端连在肩胛骨上，它跨越了两个关节。

所以，三头肌总的来说，功能是伸肘，也就是让弯曲着的胳膊伸直。但是因为长头的“特殊构造”，三头肌还有一个作用，就是让上臂靠近肩胛骨，即上臂后伸。这个功能跟我们讲过的三角肌后束基本差不多。

【划重点】

所以，只要是胳膊伸直的动作，都能训练到三头肌。比如我们练胸时推的动作、练肩时推的动作，都同时有个胳膊伸直的过程，所以都能训练到三头肌。

因为三头肌还有上臂后伸的作用，所以练三角肌后束、练背的一些动作，也能用到三头肌。

比如在一次训练课中，你要同时练三头肌和肩后束，那么一定要把后束放在前面训练。如果先练三头肌，三头肌的长头会很容易疲劳，这时候再练后束的动作，比如反蝴蝶机夹胸，就会受到影响，你会因为三头肌过于疲劳而在预定重量下很难完成好动作。

肱三头肌训练基本动作——伸肘

三头肌训练的基本动作可以归纳为两个，一个是伸的动作，比如各种姿势下的伸肘；一个是推的动作，比如窄握杠铃卧推。当然，其实推的动作本质上也是伸肘。

先讲三头肌的第一类基本动作，伸肘类动作。我们首先介绍一个最简单的基础伸肘动作，体前屈伸肘，如下图。

我们看肘部，这就是一个简单的伸肘动作。上身前屈基本上跟地面平行就可以，注意腰部要绷住，不要弯曲。

再看下一个伸肘的动作，坐姿哑铃伸肘，如下图。

这个动作也很简单，唯一需要注意的就是上臂要尽可能靠近头部，垂直于地面。如果做不到，上身稍微倾斜一下也没关系。

下一个动作是仰卧杠铃伸肘，如下图，我们看肘部仍然是个简单的伸肘动作。

这个动作需要注意的就是肩部保持姿势不要乱动，只有肘部屈伸。也就是说，只使用我们的三头肌，而胸和背不要参与进来。

与这个动作类似的动作，我们也可以用滑轮和绳索完成，如下图，绳索过头伸肘。

这个动作，图中的演示是双肘肘尖指向两边，肘部伸直的时候，双手有一点向两侧打开的感觉，这是一种做法。或者双肘肘尖指向前方，双手从后向前运动也可以。

我们体会一下这两种动作，其实伸肘动作都是一样的，不同的地方就是肩部的变化。只要是伸肘动作，不管肩部在什么位置，都能有效地训练到三头肌。

下图这个动作叫绳索下压，也是典型的训练三头肌的动作。动作的要点仍然是只有肘关节动，肩关节要控制住，不要前后乱动。

这个动作在结束的时候，有人说双手要分开，有一个向两侧打开的动作。可以，但是不打开也不算错。

这里反复强调，一个动作的细节可以是多种多样的，它只是在训练侧重上会引起一些改变。绝对没有对错的问题。

我们注意观察这些三头肌训练的伸肘动作，会发现从肘关节看都一样，不同的地方就是肩的位置。用通俗的话说，有的伸肘是在胳膊举起来的状态下伸肘，比如坐姿哑铃伸肘、仰卧杠铃伸肘、绳索过头伸肘这三个动作。

还有一类动作，就是胳膊放下去时伸肘，比如体前屈伸肘、绳索下压这两个动作。这种变化决定了对三头肌不同肌头的刺激。

胳膊举起来的伸肘，或习惯上称为三头肌的“过头动作”，对三头肌的长头刺激效果更好，具体原因跟肌肉的长度与张力有关。

而胳膊放下来时的伸肘，对三头肌的外侧头刺激效果更好。至于三头肌的内侧头，怎么练都能练到，刺激效果都差不多。

肱三头肌训练基本动作——推三头

三头肌训练还有一类动作就是推的动作。比如我们知道，卧推是练胸肌的动作，但是也能练到三头肌。卧推练胸的时候，双手握距较宽，双臂打开。那么反过来，双手握距变窄，双臂内收，就成了典型的练三头肌的推的动作了。

其实，只看肘部的话，卧推同样还是个伸肘的动作。只要伸肘，就会练到三头肌，这件事大家要记住。

普通卧推，伸肘幅度小一些；窄距卧推，伸肘幅度更大一些。我们看下面这个动作，器械三头下压。

这也是一个典型三头肌训练的推的动作。注意双肘稍微自然夹紧，不要过分向两边打开。

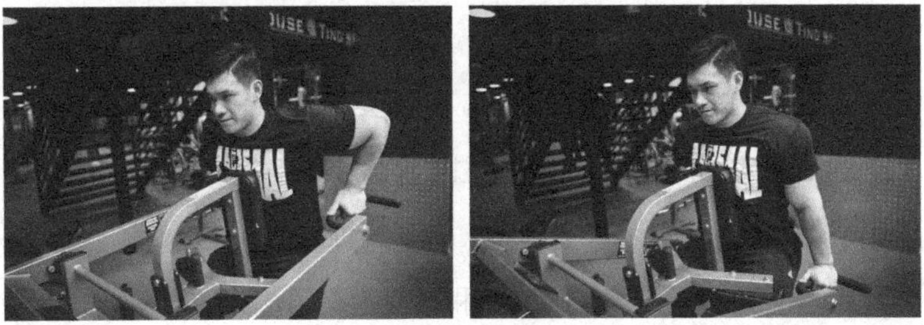

假如在双杠上做，这就是一个双杠臂屈伸的动作。双杠臂屈伸也是一个训练三头肌的动作，身体保持自然姿势，对三头肌刺激大

一点；若身体前倾，对胸肌刺激大一点。

强大的核心——白话腹肌运动解剖

腹肌的运动比较简单，我们看腹肌的肌肉解剖图。

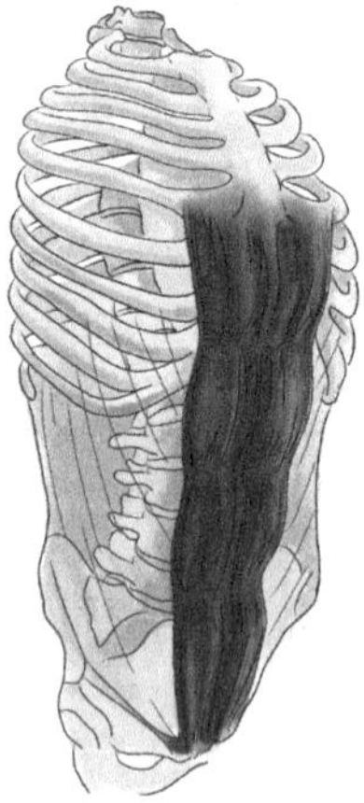

腹直肌

腹外斜肌

腹肌我们主要关注两个部分，一个是腹直肌，另一个是腹外斜肌。腹直肌大家最熟悉，也最关注，就是我们常说的几块腹肌。腹外斜肌俗称侧腹肌，在腹部两侧，其肌纤维的方向是斜着的。

腹直肌，一头连接在胸肋骨和胸骨上，另一头连接在耻骨上。耻骨在哪儿？在小腹往下一点的位置。

骨盆我们都知道，其实我们把耻骨粗略地理解成骨盆就可以了。所以可以这样说，腹直肌连接的就是胸部和骨盆，更通俗地说，连接的就是上半身和下半身。

上半身和下半身之间其实没有什么强的连接，把它们连在一起的是脊柱。但我们都知道，脊柱就是一摞脊椎骨，并不怎么“结实”。那么，上半身和下半身的连接要紧密结实，主要就是靠腰腹部的肌肉。

人们常说的“核心肌群”，主要指的就是腰腹肌群。为什么叫“核心”呢？首先，位置就在中间；其次，核心肌群决定了我们上半身和下半身连接的紧密程度，核心肌群弱，上半身和下半身就很松散，这样的人做动作，有力气也发挥不出来。

比如我们举重，腿挺有劲儿，但是腰腹部软，那么双手抓着杠铃我们也举不起来。就好像一根棍子，中间是软的，我们想用这根棍子撬起一个重物肯定做不到。

很多人做深蹲、硬拉的时候，要系那种很硬的腰带。新手可能认为这是用腰带的硬度保护腰部。当然有一点这样的作用，但它最主要的作用是增加腹内压力，这样我们的核心部位就更“硬”，做动作的时候能发挥更大的力量。

但是大家不要觉得，核心肌群就强调一个“硬”字，那对“核心”的理解就太肤浅了。“核心”要有力，有时候要硬，但有时候也要“软”。

我们可以这样理解，鞭子为什么能抽打出特别强劲的力量，其实在于它的“软”而不是“硬”。人体也一样，有的时候我们需要上半身和下半身是很强硬的、刚性的连接，而有的时候，我们需要上半身和下半身是很有弹性的、柔韧的连接，比如投标枪或者拳击选手出拳击打的时候，如果腰腹部仅仅是硬的，那么力量就没法从下肢传到上肢，我们的动作就会僵硬而无力。

所以核心力量，不但是“硬”“强”，还有“韧”“柔”，肌肉该紧张的时候能坚硬如铁，该放松的时候能柔韧如柳。这就要求，核心肌群要有力量，协调性还要好。

【划重点】

“核心”不仅要求够“硬”，有时候还要够“软”。

刚才“插播”一点关于核心肌群的内容，下面还是继续说腹直肌。腹直肌连接胸部和骨盆。

【划重点】

只要是胸部靠近骨盆的动作，也就是上半身靠近下半身的动作，都可以练腹直肌。

比如典型的动作卷腹，其实就是让胸部靠近骨盆的动作。

再说腹外斜肌。腹外斜肌，连接的也是上半身和下半身，只不过它是在身体两侧斜着连接。除了腹外斜肌外，其实里面还有一层叫腹内斜肌，它们的肌纤维在侧腹部斜向分布。

腹外斜肌和腹内斜肌的作用差不多，都是让上半身旋转、侧屈。并且，两侧同时收缩的时候，可以让身体前屈，即形成卷腹的动作。这一点跟腹直肌是一样的。所以，卷腹也能训练腹斜肌。

当然，再往里还有一层腹横肌，肌纤维的走向是横向的。总之，腹肌有多层，就好像是用胶布把上半身和下半身“包裹”起来一样，这样上半身和下半身连接才能很结实，各个方向才都有力。

腹肌到底有几块

这个问题好像很难回答，有人说4块，有人说6块，还有人说8块。其实正确的答案是，腹肌只有一块（当然，也有学者喜欢说两块，比较好理解，也更形象）。

我们看解剖图，形象地讲，腹肌其实是“两条”，左边一条，右边一条，中间的间隔叫“腹白线”。

有人问，为什么腹肌看上去有好几块？那是因为，每“条”腹肌又被肌腱横着分开，分成了好几块，横着的肌腱叫“腱划”。

总有人问，我已经练出6块腹肌了，怎么能练出8块？我想说，估计你这辈子也练不出8块来。为什么？

因为腹肌实际上只有一块。至于看上去有几块，就看腱划怎么分，分出几块算几块。但是腱划怎么分，完全是因人而异，天生的。

所以，有些人的腹肌天生是6块，有些天生是8块，据说还有天生10块腹肌的人。腹肌是一个人一个样，长成什么样的都有。

腹直肌基本训练动作——卷腹

腹直肌的基本训练动作就是两类，一类是卷腹，一类是举腿。卷腹很简单，看下图。

说到卷腹，很多人会分不清卷腹和仰卧起坐的区别。其实卷腹的重点就在于一个“卷”字。仰卧起坐，“起来”的时候腰是绷直的；而卷腹时，腰部是弯的。

还有一种观点认为，传统的仰卧起坐不能练腹直肌，这样说不对。仰卧起坐也能练腹直肌，因为它同样是胸部靠近骨盆的动作，只不过效果可能不如卷腹效果好。

卷腹不需要上身都“坐起来”，基本上达到上图中的程度就完全可以了。更重要的是，卷腹应该负重。因为大多数人经过一段时间的训练，甚至不需要经过训练，卷腹都能完成几十个，所以负重太轻，增肌效果很有限，或者根本没有效果。

卷腹负重很容易，做动作时可以双手抓一个杠铃片或者其他重物，如下图。

有人问，卷腹的时候，腿是直着好还是屈着好？我建议屈腿。屈腿的时候，大腿上的股直肌不容易发力，这样可以多让腹肌发力。

再看另一个卷腹类动作，绳索卷腹，如下图。

这个动作利用了滑轮固定器械作为负重。动作本质跟卷腹没有两样。

总而言之，做卷腹动作时，大家注意两点，第一是一定要“卷”，第二是要有负重。

腹直肌基本训练动作——举腿

举腿也是腹直肌训练的一个基本动作，卷腹和举腿的基本运动都是一样的，只不过，卷腹是让胸部靠近骨盆，下半身不动，上半身动；举腿是反过来，让骨盆靠近胸部，下半身动。

下图这个动作叫凳上举腿。做这个动作的时候，我们注意，腰部一定要弯曲，感觉膝关节向胸部运动。

举腿动作还可以用单杠悬吊着做，基本动作是一样的。如果想负重，可以使用沙绑腿，也可以双脚夹一个小哑铃。一般来说，在很重的负重情况下很难完成举腿。

关于卷腹和举腿，一直有一种说法，说卷腹是练所谓的“上腹肌”，而举腿是练“下腹肌”的，这种说法不对。

首先，腹直肌本身没有上下之分。腹直肌就是一块，而且肌纤维的走向也没有什么变化。如果硬要区分，只能勉强分成靠近胸骨的部分和靠近耻骨的部分。

而且，从肌电研究的结论来看，不管是举腿还是卷腹，整块腹直肌都会参与收缩，并不会出现卷腹时“上面”收缩程度大一些，举腿时“下面”收缩程度大一些的区别。

健硕双腿——白话腿部肌群运动解剖

我们接下来说说下肢，先说大腿。

大腿要说的主要是前侧、后侧两个肌群，前侧是股四头肌，后侧是腘绳肌群。

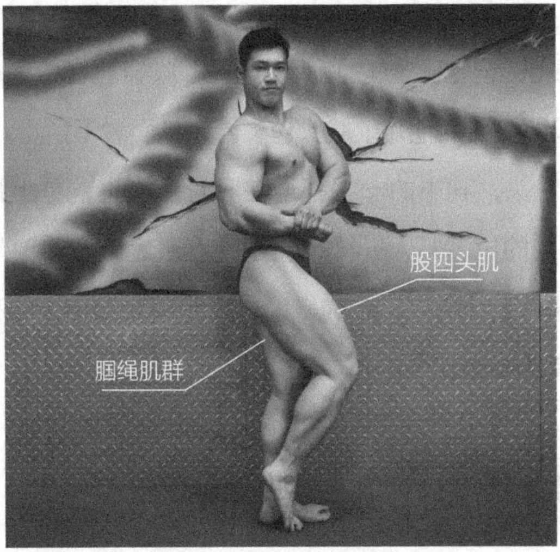

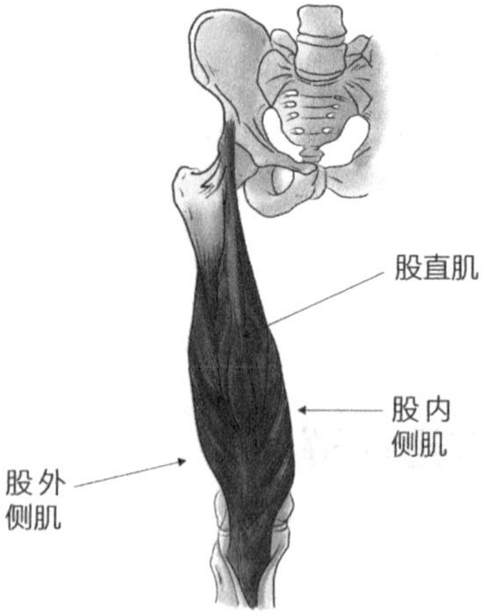

股四头肌

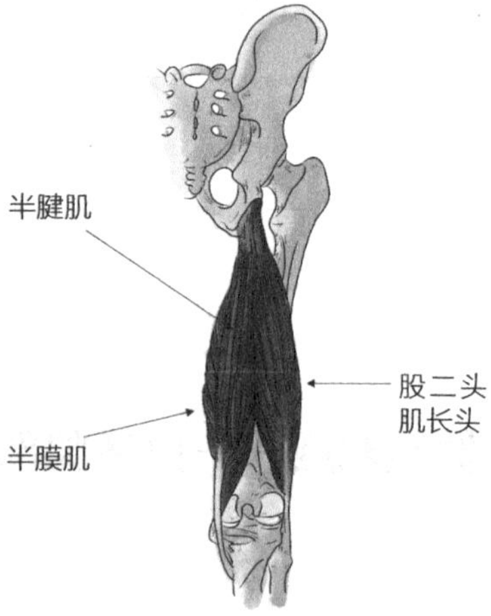

腘绳肌群

先说股四头肌。既然叫“四头肌”，我们就知道它有4个肌头。股四头肌的4个肌头分别是：股外侧肌、股内侧肌、股中肌、股直肌。

股外侧肌在外侧；股内侧肌在内侧；股直肌在中间；股中肌在里面，被股四头肌其他几个肌头包裹着，外面看不到。

这4个肌头，其中的一端都连在胫骨上，也就是小腿上；另外一端这4个头的位置不太一样，除了股直肌之外，其他都连在股骨上，即大腿骨上。所以，总的来说，股四头肌连接大腿和小腿，从大腿前面跨越膝关节。

这样，股四头肌的作用主要就是伸膝。股四头肌一收缩，让小腿围绕膝关节运动，从前侧靠近大腿，膝关节伸直。

【划重点】

股四头肌的主要作用就是伸直膝关节。

股四头肌中有一个肌头比较特殊，就是股直肌。它的一头连在胫骨上，另外一头连在髂骨上，简单地说也就是连在骨盆上，所以它跨越两个关节，即膝关节和髋关节。

跨越了两个关节，它的作用就比较复杂了，不但能让腿伸直，还能让腿靠近骨盆。也就是说，让腿整个往起抬，比如踢正步这个动作。

结合股四头肌的功能，总的来说，只要是让腿从弯曲到伸直的动作，都能够训练到股四头肌。比如典型的深蹲，膝关节就是一个伸膝的动作。

再说腘绳肌群。腘绳肌群在大腿后侧，跟股四头肌是一对拮抗肌群。既然是拮抗肌群，我们就能猜出来了，股四头肌的功能是让腿伸直，那么腘绳肌群的功能就是让腿弯曲。

腘绳肌群由3块肌肉组成：股二头肌长头、半膜肌、半腱肌。这3块肌肉，其中一头都连接着坐骨，简单地理解，就是都连接着骨盆；另外一头都连接着小腿骨。所以，腘绳肌群连接的是小腿和骨盆。

连接小腿和骨盆，它跨越的就是两个关节，一个膝关节，一个髋关节。因为是从后面连接小腿和骨盆的，所以它的作用总的来说，就是让腿往后运动。

因为它跨越膝关节，所以腘绳肌群主要的作用之一是屈膝，让腿弯曲；又因为它跨越了髋关节，所以它还有个作用是伸髋，也就是让整条腿往后摆。

【划重点】

腘绳肌群的作用主要是屈膝和伸髋。

我们可以对照着股直肌去理解伸髋，股直肌从前面连接小腿和骨盆，所以可以让整条腿往前摆；腘绳肌群从后面连接小腿和骨盆，所以可以让整条腿往后摆，从后面让腿靠近骨盆，一前一后正好是两个相反的动作。

再深入一步理解，我们刚才说上身不动，腿动，腘绳肌群让腿往后摆；再反过来想想，假如腿不动，上身动，这时腘绳肌群收缩，作用就是让上身往后仰。这是个什么动作呢？想想深鞠躬这个动作。深鞠躬，上身先往前屈，然后起身身体摆直，这个起身的动作就是上身往后仰，这时腘绳肌群会起很大的作用。

还有一块肌肉，这里顺便说一下，就是臀大肌。臀大肌也能帮助完成上身往后仰这个动作，它连接的是大腿骨和骨盆，所以，臀大肌的基本作用也是让整条腿靠近骨盆。

因为臀大肌的主要作用跟腘绳肌群有重叠，所以这类上身往后仰的动作都能训练到腘绳肌群和臀大肌。

【划重点】

只要是让腿伸直的动作，都可以训练到大腿前侧。只要是能让腿发力弯曲的动作，都能训练到大腿后侧。另外，让上身往后仰，或者让腿往后摆的动作，都能训练到大腿后侧，同时还能训练到臀大肌。

大腿训练基本动作——伸膝

大腿训练基本动作有三类：伸膝类、屈膝类、伸髋类。

伸膝就是腿伸直的动作，主要训练股四头肌，其中最经典的动作就是深蹲，如下图。

深蹲，细讲起来很复杂，本书主要面向新手，所以只是点到为止，强调重点。

深蹲就是蹲下再站起来，它的基本分解动作如下。当然，杠铃深蹲要用到深蹲架。

1. 把深蹲架调整好，杠铃放在适合自己的高度上，这个高度适合把杠铃“摘下来”扛在肩上。

2. 杠铃扛在肩上的时候，压在大概斜方肌中部偏上的位置，不要压着脖子。双手握住杠铃，两只脚的距离与肩同宽，两脚尖稍微自然向外。

3. 下蹲。下蹲的时候注意膝盖不要内扣也不要外撇，膝盖的方向跟脚尖基本保持一致。下蹲直到臀部基本与膝盖平行就可以了。

4. 大腿和臀部共同发力站起来，伸直双腿。

注意在整个过程中，下蹲和蹲起的时候，背部都要绷直，千万不能弓腰，而且要挺胸，自然抬头。

关于深蹲，一直有一种说法是膝盖不能过脚尖。大家注意，这件事不能教条地理解。不过脚尖也对，过脚尖也不算错。

有时候我们喜欢用一种非对即错、非黑即白的思维去思考问题，而缺乏程度上的理解。这件事也一样。

若深蹲时膝盖过度超过脚尖，说明身体可能过度前倾，那么只要保持一个适度的位置就可以了。

关于深蹲，我再强调一下最基础的要点。

1. 脚尖稍微自然向外，下蹲和蹲起过程中膝关节指向要跟脚尖位置一致，不要内扣也不要外撇。

2. 深蹲时腰部要始终保持绷直，胸部挺起，双肩稍微内缩。

3. 不需要蹲得太低，大腿和地面基本平行即可。

关于深蹲的变形动作，这里主要说一点最基础的内容，就是双脚的距离。

双脚距离的宽窄对深蹲训练的侧重有一些影响。两脚距离宽一些，屈髋角度更大，髋部外旋更多。所以，训练上，宽站距会更多一点刺激股内侧肌，而站距窄一点则更多刺激股外侧肌。但是二者差别也不会特别大。

训练股四头肌，除了杠铃深蹲外，还有各种蹲，比如史密斯机、哈克机等。但是这类深蹲，重量都扛在肩上。还有一类动作是重量扛在髋部的，比如腿举，如下图。

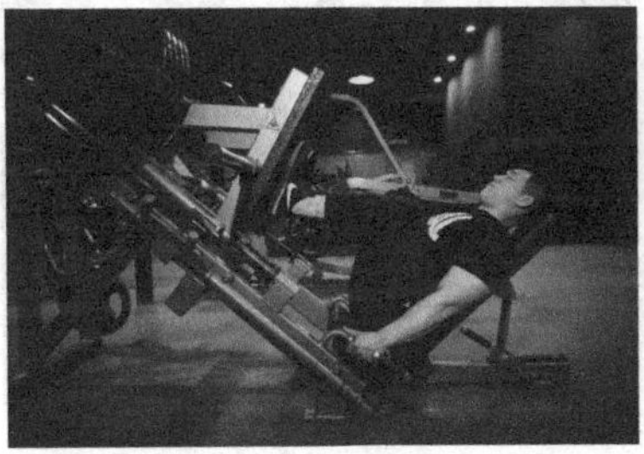

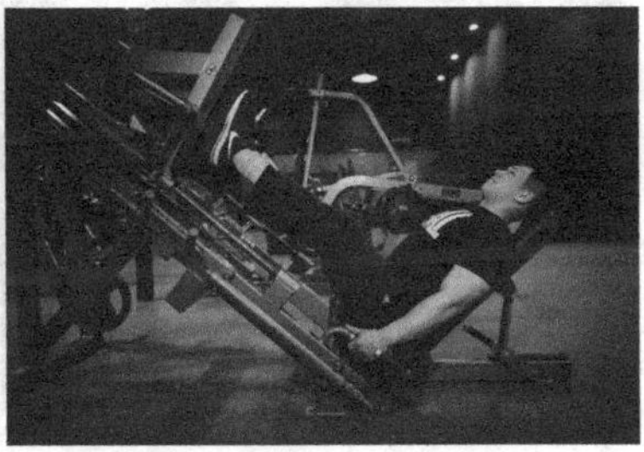

做腿举这个动作时，后背是靠在靠背板上的，自然挺胸抬头，尤其注意，腰部要靠近并顶住靠背板。在这种姿势下，我们看膝关节，就是一个伸膝的动作。

腿举注意的要点如下：

1. 把腰胯部顶住靠背板，千万不要肩背部顶着而腰胯部虚着，那样对腰部肌肉的压力就太大了。

2. 腿蹬直的时候，最后不要伸到完全伸直的程度，基本伸直就可以了。

腿举的变形动作，也是在双脚站距上有差别。

1. 在踏板上双脚距离比较远，侧重训练股内侧肌；双脚距离较近，侧重训练股外侧肌，这与深蹲一样。

2. 双脚踏在踏板上缘，臀部发力相对更多；双脚踏在踏板下缘，股四头肌受力相对多一点。

还有一个典型的伸膝类动作，就是器械腿屈伸，如下图。这是一个单纯的伸膝动作，非常简单，我们这里就不多说了。

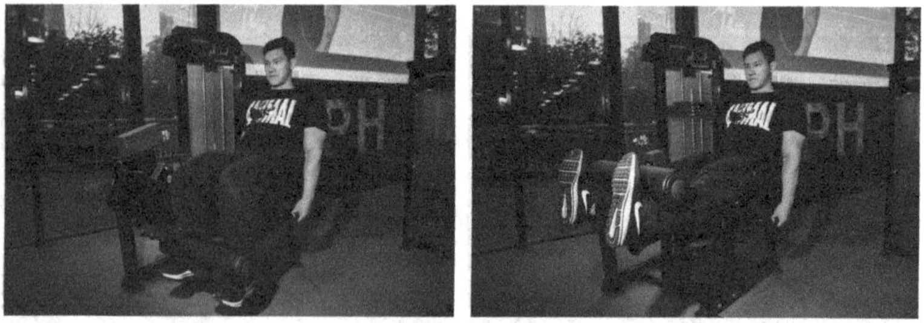

大腿训练基本动作——屈膝

屈膝类动作主要是训练腘绳肌群的。我们只介绍一个动作，就是器械腿弯举，如下图。

这个动作很简单，就是一个单纯的屈膝动作。训练这类动作的器械有很多，有站姿的，有俯卧的，有坐姿的，都是固定器械，只需要按照器械的运动轨迹来完成就可以了。

大腿训练基本动作——伸髋

再讲大腿训练的最后一类基础动作，伸髋。伸髋的代表动作就是硬拉。

现在有很多人故意把简单的东西往复杂了说，导致很多新手觉得硬拉这个动作很复杂。其实一点也不复杂，它基本上就是一个鞠

躬的动作。只不过，在鞠躬的时候，双手要拉起一个重物。

很多人把硬拉这个动作弄得很复杂，主要是因为他们把健美训练和力量举混淆了。从力量举的角度讲，硬拉追求的是尽可能地拉起更重的重量，要的是重量的数字，所以会有很多细节的讲究，目的只有一个，就是尽可能拉起更重的东西，甚至有些人不介意稍微有一点不安全。

健美训练追求的是肌肉增大，对动作细节的要求降低很多。一般的增肌者没必要跟力量举选手一样苛求细节。

上图里模特做的是直腿硬拉，很多人喜欢屈腿硬拉，但其实直腿硬拉才是硬拉的基础。直腿硬拉动作的细节如下：

1. 自然站立，双脚与肩同宽，屈膝下蹲双手拉起杠铃，这是起始姿势。

2. 背部绷直，两腿适当弯曲，慢慢放下杠铃。注意双肘保持伸直。

3. 直到杠铃放至触地，或者腘绳肌群紧绷到无法继续往下放杠铃，或者身体往前倒了，这时原路拉起杠铃。

硬拉要注意的地方主要有如下几点：

1. 整个过程腰部要始终绷直，不能弓背。

2. 有人说，双手必须正反握杠，也就是一只手手心向前，一只手手心向后，其实不是必须这么做。正反握杠的好处是杠子不会滚，比较稳定，一般能拉起更大的重量。

3. 杠铃杆在拉起的过程中尽量贴近身体。

4. 拉起时肩胛骨稍微夹紧，背部绷紧，胸部要挺起来，腹部收紧。

5. 如果是屈腿硬拉，注意在拉起的时候，一定要先伸膝，后伸髋。也就是说，先腿用力，后髋部往前“顶”。在这个动作前1/3的部分，基本都是靠伸膝提供力量。

6. 硬拉一定要先用轻重量熟悉动作，切忌贸然使用大重量。

7. 做动作时，动作速度一定要慢，切忌猛拉猛放。

钻石小腿——白话小腿肌群运动解剖

关于小腿肌肉，我们主要讨论小腿后侧。小腿后侧肌肉主要有深、浅两块，外面的是腓肠肌，里面的一块叫比目鱼肌。

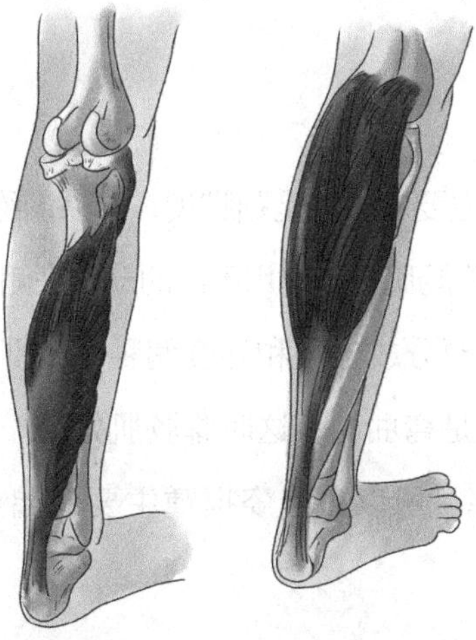

比目鱼肌　　　　腓肠肌

这两块肌肉，其中的一头都连接在跟骨上，也就是我们所说的脚后跟。比目鱼肌的另外一头，连在小腿骨上，跨越一个关节，即踝关节；腓肠肌的另外一头连在大腿骨的下半段，跨越两个关节，一个踝关节，一个膝关节。

小腿的两块肌肉都跨越踝关节，连接着脚后跟和小腿，所以小腿后侧肌肉的基本功能就是踮脚尖，运动解剖学称它为踝关节趾屈。但是因为腓肠肌跨越两个关节，所以它还有一个作用，就是让脚后跟靠近大腿，即屈膝。

【划重点】

小腿肌肉的主要功能是踮脚尖，腓肠肌的另一个作用是屈膝。

小腿训练基本动作——提踵

小腿肌群的主要功能就是踮脚尖，所以训练的基本动作就是提踵。比目鱼肌和腓肠肌，分别用不同的动作来侧重训练。

提踵动作主要分成坐姿和站姿两种，区别就在于膝关节。坐姿提踵，膝关节是弯曲的，这时腓肠肌处于一种比较短的状态，不利于力量发挥。所以，坐姿提踵主要是偏重训练比目鱼肌的动作。

如下图，坐姿提踵一般要使用训练器，动作非常简单。

站姿提踵也很简单，下图所示是哑铃站姿提踵。我们需要脚尖踩在一个高出地面一点的东西上，用哑铃负重做提踵。当然，站姿提踵也有专门的训练器。

因为小腿后侧肌肉有特殊的杠杆结构，从运动生物力学的角度讲，这属于“第二类杠杆”，支点在前面，阻力在中间，动力在后面。所以，小腿肌肉能发挥出巨大的力量。

我们训练小腿，一般需要很重的负重。比如哑铃站姿提踵，哑铃需要很重，所以建议可以单腿来训练，这样就不需要提太重的哑铃了。

CHAPTER

04

第四章

如何制订增肌训练计划

制订增肌训练计划的基本原则

这一章给大家讲讲如何制订增肌训练计划。

很多人觉得增肌计划很复杂，或者觉得它一定有一个所谓的“规范”，实际上增肌计划是非常灵活的，并没有特别严格的规范。

增肌训练计划总的原则是：

1. 肌肉的训练互相之间不会产生干扰。

2. 满足肌肉的训练频率。

3. 满足肌肉训练后休息的要求。

只要满足这三条，就可以算是一份基本合理的增肌计划了，至于具体的安排，是没有固定规范的。

我简单解释一下这三条原则。

原则一：肌肉的训练互相之间不会产生干扰。

我们讲肌肉运动解剖的时候讲过，肌肉训练的时候，有时练一块肌肉，会顺带着使用到其他部位的肌肉。比如说练推胸的动作，不但胸肌会发力，肱三头肌也要参与发力。

这样的话，如果你训练胸肌在做推胸动作之前，刚训练完肱三头肌，肱三头肌很疲劳，那么对这个训练动作就会产生影响，做动作的时候会因为肱三头肌没劲儿，在预定重量的情况下，动作无法顺利完成。

所以，如果说我们同一节训练课里面，既安排了胸肌训练，又安排了肱三头肌训练，那么应该先练胸肌，后练肱三头肌。

而在一周的训练计划安排中，我们也不要把肱三头肌的训练安排在胸肌训练的前一天。因为前一天刚训练了肱三头肌，第二天它的力量还没有恢复，会对胸肌训练产生影响。

针对一块肌肉疲劳，导致其他肌肉训练受到明显或者一定程度的影响的情况，我举几个例子，比如有：

1. 肱三头肌会影响胸肌推的动作和三角肌后束部分动作。
2. 肱二头肌会影响背肌。
3. 股直肌会影响训练腹肌的举腿动作。
4. 肱三头肌会影响肩部推的动作。

另外，从合成代谢激素的角度讲，在一次训练课中，也建议先练大肌群，再练小肌群。一般认为这样最有利于训练中和训练后合成代谢激素水平的提高。

所以，如果在一次训练课中安排了两个或两个以上位置的肌肉训练，应该先训练大肌群，后训练小肌群。针对同一肌群，原则上也应该先做多关节复合动作，后做单关节动作。

比如一次训练课要练胸、肱三头肌。那么应该先练胸，再练肱三头肌；练肱三头肌的时候，如果选择了绳索下压和双杠臂屈伸两个动作，一般建议先做双杠臂屈伸这种多关节的复合动作，后做绳索下压这样的单关节动作。

当然，这些要求是绝对的吗？也不是。只不过这样的安排一般最好。

比如增肌训练当中，有一种“预先疲劳”的方法。这种方法强调的就是在有些肌肉的训练过程中，先做单关节动作，让肌肉预先疲劳，再做多关节动作。

比如练胸，哑铃飞鸟是一个单关节动作，杠铃卧推是一个多关节动作，一般来说，可以先做卧推，再做飞鸟。

但是“预先疲劳”法认为，应该先做飞鸟，这样让胸肌疲劳，而又不影响卧推，因为肱三头肌不会疲劳；然后再做卧推，这样对胸肌的增长最有利。

这种说法对不对呢？也不能说完全不对。说到这里，我要强调一下，增肌的一个基本要求就是“疲劳”。

有时候，我们在琢磨增肌应该怎么练的时候，会出现一种矛盾和尴尬。比如，问一个肌肉发达的举重运动员，他会告诉你，一定要先练多关节动作，再练单关节动作，肌肉不能疲劳；但是要问一名健美运动员，他可能会说，可以先练单关节动作，再练多关节动作，越疲劳越好。

在普通人眼里，举重运动员、健美运动员都是专业好手，说的一定都是对的，那为什么相互矛盾呢？

其实，这种矛盾是训练目的不同导致的。

举重运动员的训练目的是举起更重的重量，健美运动员的训练目的是练出更大的肌肉，两者完全不同。一个属于最大化力量的力量训练，一个属于最大化肌肉增大的力量训练。

因为训练目的不同，所以训练原则也不同，我们之前讲过的训练基本要素的安排也完全不同。比如，最大化力量要用更大的负重（初学者除外），如1 ~ 6RM的重量，组间休息时间要更长，一般是2 ~ 5分钟[1,2,3,4,5]。

总的来说，最大化力量的训练追求的是肌肉不疲劳。而增肌训练追求的却是肌肉疲劳，因为一般认为，肌肉疲劳能带来最大程度的增肌。

所以，在单关节和多关节动作前后这个问题上，两类训练者的说法完全不同。

这件事也提醒我们，不要觉得是个肌肉大的，他说的就一定绝对正确。力量训练很复杂，首先要考虑到训练目的。

现在市面上有一种不太好的风气，就是喜欢模糊举重、力量举、健美等训练之间的界限，相互“借鉴”方法。实际上，增大力量和增大肌肉块的训练之间，虽不是说绝对不能借鉴，但有些原则确是泾渭分明，不能乱融合的。

【划重点】

一定要区分训练的目的，增肌和最大化力量是不同的。

说回所谓的“预先疲劳”，这种方法明确不利于最大化肌肉力量，也就是不利于举重训练。那么以增肌为

[1] Rhea MR, Alvar BA, Burkett LN, et al. A meta-analysis to determine the dose response for strength development [J]. Med Sci Sports Exerc 35(3): 456-464, 2003.
[2] Peterson MD, Rhea MR, Alvar BA. Maximizing strength development in athletes: a meta-analysis to determine the dose-response relationship [J]. J Strength Cond Res 18(2):377-382, 2004.
[3] Ratamess NA, Falvo MJ, Mangine GT, et al. The effect of rest interval length on metabolic responses to the bench press exercise [J]. Eur J Appl Physiol 100(1): 1-17, 2007.
[4] Richmond SR, Godard MP. The effects of varied rest periods between sets to failure using the bench press in recreationally trained men [J]. J Strength Cond Res 18(4): 846-849, 2004.
[5] Pincivero DM, Lephart SM, Karunakara RG. Effects of rest interval on isokinetic strength and functional performance after short-term high intensity training [J]. Br J Sports Med 31(3): 229-234, 1997.

目的的健美训练，是不是适合呢？

虽然说原理上讲，“预先疲劳”对增肌可能有好处，但是目前还缺乏明确的直接证据能说明这种方法是有利于增肌的。所以大家不要迷信这种所谓“更好”的训练法。如果有人告诉你必须这么练，那就大错特错了。

原则二：满足肌肉的训练频率。

肌肉的训练频率，就是一块肌肉一周练几次。新手我们建议可以一周练2～3次，即安排训练计划的时候，同一个部位的肌肉，一周最少练2次。

比如我们周一练了胸，周四再练一次胸，然后又是周一、周四，这样循环就可以了。

但是，如果条件不允许，那新手一周每个部位的肌肉训练一次也完全可以，不能说这样就练不出肌肉来。

满足肌肉训练频率的前提是，肌肉必须要能够恢复过来。也就是说，如果周一练了胸，周四想练胸了，发现胸肌还处于明显的酸痛期，那么对于胸肌来说，你可能就要考虑降低训练频率了。

原则三：满足肌肉训练后休息的要求。

这就是我们刚才说的，一个部位肌肉训练之后，要等这块肌肉基本恢复了才可以再次训练。那么怎么知道肌肉训练后有没有基本恢复呢？目前还真没有特别好的办法，大致有如下4个方法，能够帮助我们初步判断肌肉是否恢复。

1. 首先恢复时间要基本足够。

一般来说，一个部位的肌肉彻底地有效训练之后，恢复时间至少也要48小时。比如我周一下午练了腿，那么第二次练至少也要等到周三下午，间隔48小时。

当然这个48小时也不是绝对的，比如新手训练，尤其是头几次训练，一般肌肉恢复要慢很多。

而且，一般上半身的肌肉恢复要比下半身快，单关节动作训练后的恢复要比多关节动作快。

以上是大致的趋势。我们最终看一块肌肉是否恢复，还要考察其他几个因素。

2. 肌肉是否酸痛。

是否感觉有运动后延迟性酸痛是衡量肌肉恢复与否比较好的办法，最简单也最直接。一句话，不疼了就是基本恢复了；还在疼，那就是没恢复。

新手训练，肌肉酸痛有时会持续很久，甚至一周都有可能，什么时候不酸痛了，才可以开始第二次训练。慢慢地，酸痛的时间会逐渐缩短。

3. 肌肉力量是否恢复。

肌肉训练后没有完全恢复时，肌肉力量是有所下降的。所以，你可以感受一下，如果你训练后若干天，虽然酸痛不明显了，但是肌肉力量却明显降低，那么也有可能肌肉还没有完全恢复。

4. 肌肉"泵感"是否强烈。

肌肉训练时，如果"泵感"不很强烈，也有可能是肌肉没有完全恢复，因为肌糖原的恢复跟肌肉恢复有关系。

所以，判断肌肉是否已经从上一次训练后完全恢复，要根据这

4个要素进行综合判断。

满足增肌训练计划制订的三原则后，想怎么制订计划就是自己的事了。一份增肌训练计划是没有绝对的对与错的，甚至没有绝对的好与坏。

举个最简单的例子，假如某个中年男性，一周只有两天的时间能去健身房，而且体力也不是很好，那么他作为新手，一周两次健身房训练，能够把身体主要部位的肌肉都训练一次就可以了。

比如他可以在这两次训练课里，一次只训练上半身的肌肉，一次只训练下半身的肌肉。

毕竟时间有限，只能去两次，如果每次都练全身的话，身体可能一下子吃不消。所以这样的一周两次训练课，每个部位的肌肉训练一次的计划就是最适合他的。

一份好的计划应该是最适合你的。让计划去适应你，而不是你去适应计划。

最不建议的事就是，盲目地说一份训练计划绝对好，或者绝对不好。比如盲目模仿健美明星的训练计划，认为健美明星的计划就一定是好的，他练出了大肌肉，我用他的方法练一定没错。

别的不说，健美明星练了几年，你又练了几年？他的计划是针对有多年训练经验的人，跟初学者完全不同；更不要说，健美明星的恢复能力和体能也不是一般人能比得上的。

所以我们先讲原则，把握住原则之后，根据你自身的情况，再去安排你的训练，制订属于自己的计划。

一周的训练计划该如何制订——肌肉位置的安排

上节讲了增肌训练计划制订的基本原则，下面用一些例子来说明这三个基本原则怎么使用，如何给自己制订一个一周训练计划。

为什么是一周呢？因为一般训练计划都是周计划，之后每周按此循环即可。

首先，我们制订训练周计划时，先制订一周的大框架。也就是说，先把这一周里面，哪天练哪儿给定下来，比如周一练胸、周二练背、周三练腿，等等。

安排训练位置，一般有几种情况，最简单的安排就是一天一个位置。比如要练胸、背、肩、肱二头肌、肱三头肌这几个位置，那么就周一胸、周二背、周三肩、周四肱二头肌、周五肱三头肌，周六日休息。下周再这么循环。

这样安排的缺点是，如果你全身都要练的话，那么如此安排，身上的肌肉最多一周只能练一次。全身需要训练的部位一天一个都很勉强。

这种方法的好处就是简单。而且，一周之中，一个部位的肌肉只练一次，那么就不用考虑肌肉的恢复时间够不够了，肯定都能恢复。因为一周只练一次，同一部位的肌肉再次训练要隔一周了，恢复时间足够。

而且，因为一天基本练一个部位，所以平均的训练时间也比较短，比较适合平时较忙碌，每天都只能拿出一点时间的人。

接下来我们就以这种安排为例，看看一天一个位置，该怎么安排这一周的训练。

有如下两种安排：计划一和计划二。

计划一：

日期	部位
周一	肱三头肌
周二	胸
周三	肱二头肌
周四	背
周五	腿
周六	肩
周日	腹肌

计划二：

日期	部位
周一	胸
周二	肱三头肌
周三	背
周四	肱二头肌
周五	腿
周六	肩
周日	腹肌

这两个计划，哪个更好？

我们用训练计划制订的“原则一”套一下，会发现计划一当中，周一的肱三头肌训练会影响周二的胸肌训练，周三的肱二头肌训练会影响周四的背肌训练，所以明显计划二更好。

而肩、腿互相没什么影响。所以，肩和腿训练谁先谁后都没关系。

一天一个部位的训练，肌肉的训练频率相对会比较低，所以很多人会安排一天一个以上部位的训练，比如一天两个部位，那么很多肌肉一周就可以训练两次了。比如周一训练胸和背，周四再训练一次胸和背。

这种组合训练的安排，有几种常见的形式。

1. 拮抗肌一起练，比如胸+背、肱二头肌+肱三头肌等。有一些研究认为，拮抗肌一起训练可能更好，因为在训练一个部位的肌肉之后再练它的拮抗肌，拮抗肌会有更好的运动表现。

但有更好的运动表现，是不是就是说拮抗肌一起练，会有利于增肌呢？目前还不清楚。

2. 主动肌和协同肌群一起练。比如胸+肱三头肌、背+肱二头肌。这样练可能的好处，一个是先练大肌群，那么它的协同肌小肌群相当于做了“热身”，或者“预先疲劳”。

第二个好处是，不会造成安排在不同训练日的肌肉之间互相“打架”的情况。因为“打架”的肌肉往往就是主动肌和协同肌。比如肱三头肌训练会影响胸肌，所以就不能安排在胸肌训练的前一天，那么放在同一天练，就不存在这种问题了。

3. 无关肌群一起练。比如肩+腿、肱二头肌+腹肌，这些完全没关系的肌群一起练完全可以，谁也不影响谁。

需要强调的是，这些安排目前也不能说哪一种更好，使用的时候根据自己的情况确定就可以。

比如你体力好，胸+背一起练能吃得消；要是体力不好，这两个大肌群就分开练，胸+肱三头肌、背+肱二头肌，这样一个大肌群加一个小肌群训练的安排更好。

我以协同肌群一起练为例，给大家一个典型的训练频率大于一周一次的周训练计划。

日期	部位
周一	胸+肱三头肌
周二	背+肱二头肌
周三	肩+腿
周四	胸+肱三头肌
周五	背+肱二头肌
周六	腹肌+肩
周日	休息

首先，协同肌群组合的训练，也不一定是每一对肌肉都是协同肌群，比如肩+腿，就是一个无关肌群的组合。

这个计划中，肌肉训练之间没有冲突。胸、背、手臂、肩都保证了每周两次的训练，满足了训练频率，即满足了训练计划制订的原则二。如果腿也想要一周两次，在周日加一次腿的训练就可以了。

我们再针对训练计划的原则三，即肌肉的恢复时间来看一下这个计划。基本上，胸、背、手臂、肩的两次训练之间都间隔了2 ~ 3天，一般来说是足够肌肉恢复的。

当然，例子中训练计划的训练量密集程度并不一定适合所有人。还是那句话，任何现成的训练计划都不是万能和面面俱到的，了解原则，给自己制订适合自己的计划才是最正确的。

一周的训练计划该如何制订——训练动作的安排

知道了在一周之内该怎么安排肌肉位置，下面就该做每一次训练课的安排了。

如果是一次课训练一个位置，那没什么选择的。如果是一次课训练两个或者两个以上的位置，基本原则上面也讲了：先大肌群后小肌群，先多关节复合动作，后单关节动作。当然，再次强调，如果有经验和把握的话，这个原则也可以打破。

比如在一次课里面是无关肌群的搭配，比如腿+肩，那么显然，腿部是大肌群，一般应该先练腿，再练肩。

如果是拮抗肌搭配训练，比如胸+背，那么没什么严格的顺序，先练哪一个都可以。当然有的人把胸、背交替着练，这样也不是不可以，但是从增肌角度来说，建议还是一个部位完整地做完所有动作，再开始另外一个部位的训练。

最需要考虑的就是主动肌和协同肌一起练，比如背+肱二头肌，必须先练背。如果先练肱二头肌，它很快就疲劳了，再练背的时候就会受到影响。

所以，对于一次课多个部位的训练，基本原则如下：

1. 无关肌群搭配，先练大肌群，后练小肌群。

2. 拮抗肌搭配，训练先后一般无所谓。

3. 主动肌与协同肌搭配，先练主动肌（一般是大肌群），后练协同肌（一般是小肌群）。

上面说了一次训练课里同时有几个训练部位该怎么安排，下面我说说具体一个训练部位的几个动作，又该怎么选择、怎么安排。

基本原则还是，首先一般都是先练多关节复合动作，再练单关节动作。比如练腿，一般都是先蹲，再考虑做一些比如腿屈伸、腿弯举这类单关节动作。

但是，这个原则也不是绝对的，选择同一训练部位的动作时，这个原则是弱原则。

比如有的时候练完多关节复合动作之后，单关节动作会特别疲劳难以完成，那么也可以先练单关节动作。

第二个基本原则，就是尽可能地把肌肉的几个“纬度”都训练到。

比如练肩，三角肌的三个束都要安排练到，尤其是后束，要单独安排一个动作训练。

再比如胸肌，一般上部胸肌、下部胸肌都要照顾到。若是肱三头肌，长头的运动解剖比较复杂，要单独安排一个动作来训练。但是像背阔肌、股四头肌这些部位的肌肉一般不用这样。对于背阔肌，下拉和划船的动作其实并没有明确的训练侧重；而对于股四头肌，深蹲的时候脚距不同，训练会有侧重，但效果也不是特别夸张。

所以，要首先了解肌肉的运动解剖和功能，然后针对肌肉的不同“纬度”，全面地安排训练动作。

一般来说，一次训练课一个部位的肌肉安排3 ~ 4个动作就足够了，比如肩，前束、中束、后束各安排一个侧重的动作就差不多了。想要安排4个动作的话，再“随便”选一个动作就好了。

再比如胸肌，一般安排3个动作分别训练上胸、所谓的“中胸”和下胸就可以了。再来一个的话就可以“随便”选。

有人可能会问，怎么能“随便”呢？选动作难道没有什么深奥的讲究吗？有的时候还真没有，别把增肌训练想得太复杂、太神秘。增肌训练是讲究原则的，有些地方甚至要“抠原则”，但是有些地方则完全是自由的，没有那么多讲究。

那些没有明确训练侧重的肌肉，比如背阔肌，在安排动作的时候，如果大家不知道怎么选，可以记住一个原则，选择的动作把基本动作都覆盖就可以了。

【划重点】

安排增肌训练计划时该“灵活”就要灵活。

比如练背的基本动作是下拉和划船，那么选择动作的时候，不要都选下拉类的，两类各样一半比较好。

比如下拉选两个，一个器械下拉，一个引体向上；划船选两个，一个坐姿器械划船，一个哑铃划船，这样安排就没问题。

对于一个具体的肌肉部位来说，动作的选择原则总结如下：

1. 一般先做多关节复合动作，再做单关节简单动作，但这个原则是个弱原则。

2. 把一个肌肉部位的几个“纬度”都包含进去。

3. 把一个肌肉部位的几个基本动作都覆盖进去。

4. 选择动作具有很高的随意性和灵活性。

要不要经常换动作

最后再讲一下换动作的问题。

一份训练计划制订好了，短期内一般不用更换，甚至有些计划的总框架一年换一次都可以。但是训练动作，建议隔一阵子就要换一换。

换训练动作有两个好处：

1. 对肌肉有更全面的刺激。一次选择动作选择得再好，对肌肉的刺激也不可能面面俱到，那么更换动作，各种动作都做一下，这样对肌肉会有更全面的刺激效果。

2. 防止动作适应。一般来说，新动作的训练效果都要更明显一些。原因也很简单，肌肉还不适应新动作。对于肌肉来说，新动作是一种“新”的运动刺激，那么肌肉适应性变化会更剧烈。

比如一个动作训练一段时间，肌肉酸痛感就不会很明显了，这个时候更换动作，一般会带来更明显的酸痛感，对增肌来说很可能是有帮助的。

因为我们也讲过，虽然肌肉酸痛不是增肌效果的唯一标准，也不是绝对准确的标准，但是在条件允许的情况下，可以尽可能地追求肌肉酸痛，毕竟对增肌来说，肌肉酸痛很可能比不酸痛要好。

那么，换动作怎么换呢？多长时间换一次？

换动作的时候，建议每次替换超过50%的动作就可以了。比如一个部位4个训练动作，练了一段时间要换了，那么可以换掉其中的2个。当然，也可以把所有动作都换掉，都换新动作比较省事，但缺点是训练风险有一定提高。

换哪些动作？“随便”。跟选择动作是一样的原则。

比如肩，原来是哑铃推举、哑铃侧平举、俯身哑铃侧平举。换动作的时候，哑铃推举可以换成杠铃推举，哑铃侧平举可以换成固定器械绳索侧平举，俯身哑铃侧平举可以换成反蝴蝶机。

别看哑铃推举和杠铃推举好像差不多，其实训练动作只要变一点，对于肌肉来说差别可能就很大了。

多长时间换一次动作，这是一个值得探讨的问题，基本的建议是不要换得太频繁。原因是，要给肌肉留够时间适应旧动作。说白了，换动作就是因为旧动作已经习惯了，已经不能很好地刺激肌肉生长。所以，应该在充分挖掘了旧动作的作用之后，真的需要换了的时候再换。

怎么判断旧动作还有没有潜力可挖了呢？

首先，至少要在力量不明显增长了之后的一段时间才能换动作。

我们容易认为，力量增长了，一定是肌肉变大了。实际上肌肉力量提高有两方面原因，除了肌肉体积增大，还有一个神经因素的原因。神经因素主要指肌肉被激活的程度（还包括协同肌协同完成动作的能力），看有多少运动单位被动员起来。

也就是说，经过一段时间的力量训练，力气变大，但这个力气变大，不仅仅是肌肉增大了，还因为神经得到了训练。神经因素和肌肉增大对力量增长都有贡献。

而且研究发现，训练的前几周（一般是第1 ~ 6周，甚至更久），神经因素对力量增长的贡献远大于肌肉增长。

也就是说，训练一个部位的肌肉，这个部位肌肉力量增大，在一开始的一段时间内，主要是神经受到训练的结果。

随着力量训练的持续，肌肉增大的作用才逐步超过神经因素（一般是第6 ~ 12周，甚至更久）。在后期，力量增大才主要是因为肌肉增大了。

【划重点】

力量增大受神经和肌肉增大两个因素的影响。

其实这也很好理解。人的身体在面临举重物的挑战时，比如要推开门前的一块大石头，身体一定会先想最划算的办法来解决，那就是不用增长肌肉，先增长几根神经连接来提高力量（比喻）。

长肌肉要消耗大量热量和营养，肌肉长起来，但过几天不用再推石头了，那肌肉增长就浪费了。所以，只有在经常面临需要同一力量输出的时候，身体才被迫通过增长肌肉来解决问题。

神经因素引起力量增长的阶段，叫肌肉的“运动学习阶段”。意思是，肌肉在学习怎么应付新的抗阻运动。在肌肉的运动学习阶段，肌肉力量会明显增长，但肌肉增大却不明显。这就是有时候我们“光长力量不长肌肉”的原因。

但需要强调，运动学习和肌肉增大并不是前后相继的两个截然不同的阶段，在整个肌肉训练周期中，肌肉都在增大，神经也都在增强，只不过训练初期神经因素的贡献远大于肌肉增大。于是，好像我们的训练要先经历一个神经强壮的阶段之后，才能达到肌肉强壮的阶段一样。

有些人用一个动作训练一段时间后，发现力量大了肌肉却没有明显增长，就急于换新动作。这种错误的做法刚好错过了即将到来的肌肉增大阶段。

所以，训练中频繁更换新动作是不正确的。倒不是说，这样肌肉就不会增大，而是说这样训练，肌肉增大可能需要花费更多的时间。而且，越是复合多关节动作，越是复杂的动作，运动学习的时间越长，那么更换动作就越不能太频繁。单关节动作稍微好一些，运动学习比较快。

运动学习的能力跟增大的肌肉一样，不经常使用就会衰退。训练时，神经增强、肌肉增长；停止训练，两者都会衰退，而且神经因素衰退要稍快于肌肉衰退。

这就是说，一个老动作，一段时间不训练的话，就会变成新动作，重新训练时还需要经历漫长的运动学习阶段。

所以总的来说，一个训练动作，如果是单关节动作，建议至少要训练3 ~ 5个月再换新动作；若是多关节复合动作，建议至少要训练4 ~ 6个月再换新动作。

当然也可以这样来安排：如果一个动作经历了训练者力量明显提高，然后肌肉明显增大，再往后肌肉增大明显变慢甚至停滞的过程，那么这个动作就可以更换了。

CHAPTER

05

第五章

增肌训练怎么吃

首要原则，增肌要适当多吃

想要长肌肉，怎么吃？有一个首要的原则，就是要多吃，热量摄入要适当地增加一点。

增肌为什么要多吃呢？说白了，增肌是要我们的身体增加点什么，所以必须多吃。

增肌是身体蛋白质合成代谢大于分解代谢的过程，肌肉合成的蛋白质比分解的多，表现为肌肉蛋白质净合成，也就是肌肉变多了。这就要求我们创造一个适合身体蛋白质净合成的环境，即热量有盈余，这是基础。

简单地说，摄入的热量比消耗的多，身体就会增加合成代谢。摄入的热量比消耗的少，有热量缺口，就会刺激身体提高分解代谢，减少合成。

比如我们晚上睡觉的时候不吃东西，一夜禁食，热量缺乏，身体就会进入负氮平衡状态，即身体分解的蛋白质比合成的蛋白质多。这时，肌肉蛋白质是丢失的。

吃完早餐，摄入了能量，身体又会进入正氮平衡状态。利用的氮比排出的氮多，肌肉蛋白质合成增加，丢失的肌肉可以被补回来。

所以，从热量的角度讲，增肌需要的热量要比平时高一些。高多少呢？还没有明确的数据。

因为每个人增肌的潜力不同，所以也就很难预测一个人增肌过程中需要增加多少热量。

当然，有一种说法是，增肌过程中不需要额外摄入多少热量。他们说，一个人一年增肌最多3公斤，肌肉里面大部分是水，折算成蛋白质没有多少，这些蛋白质的热量加起来也没多少，所以不需要太多热量。

实际上这么算不对。首先，一个人一年能增长多少肌肉是没有明确生理上限的。当然，一年增肌几十公斤那不可能，但是，说最多只有3公斤，也缺乏依据。

第二，增肌需要的能量，根本不仅仅只是增长的那些肌肉里所包含的能量，还包括修复训练中损伤的肌肉所需要的能量，也包括身体的生理生化环境改变需要的能量。

据运动营养学家的估算，对于增肌新手来说，在增肌过程中，每天大约需要200千卡左右的热量盈余。也就是说，我们每天多摄入200千卡热量，一般就能满足增肌的需要了。

当然，增肌时我们多吃一点，也是为了摄入更多增肌所需的营养。比如蛋白质，增肌的时候需要的蛋白质，就比当前维持我们身体现有的肌肉要多一些。

在增肌过程中，身体也会提高对其他营养素的需求，比如对一些矿物质的需求，对抗氧化营养素的需求，等等。

所以，增肌时，我们应适当多吃一点，这是一个增肌营养的基调。热量摄入不足，不能说就完全不能增肌，但是会影响增肌的效果。

增肌训练者的三大基础营养素——蛋白质

所谓三大基础营养素，就是指蛋白质、碳水化合物、脂肪。为什么叫三大基础营养素呢？因为这三种营养素能给我们身体提供能量，并且能组成我们的身体。讲增肌的营养，以及减脂时怎么吃，其实主要都在讲这三种东西。

我们首先说说蛋白质。说起蛋白质，很多人有一个粗略的感觉，认为只有肉、蛋、奶中含有蛋白质。但实际上，几乎所有食物里面，或多或少都含有蛋白质，只是肉、蛋、奶的蛋白质含量比一般食物丰富些。

蛋白质是食物当中的一类营养，不是特指某些种类的食物。食物当中有蛋白质，但是没有哪种食物中完全都是蛋白质。

大家知道，增肌需要多摄入蛋白质，但是到底摄入了多少我们应该心里大致有个数。比如，一个鸡蛋里面到底有多少蛋白质呢？

想计算蛋白质的摄入量，我们至少要算上这么几类食物里的蛋白质：肉、蛋、奶、主食、豆类（植物蛋白质也要算）。

其他的，比如水果、蔬菜中的蛋白质，我们可以忽略不算。坚果，一般也不会吃太多，可以不算。

下面的表格列出了常见几类食物里蛋白质的大致含量，用来粗略估计我们每天吃了多少蛋白质（不是非常准确，但是基本够用了）。

食物种类	蛋白质大致含量
肉类	所有瘦肉，都按照每100克20克蛋白质来估算（肥肉的蛋白质含量很低）
蛋类	一个全蛋按6克蛋白质算，一个蛋清按3克蛋白质算
奶类	牛奶或酸奶都按照每100克3克蛋白质算
主食	面食（面包、馒头、面条）按每100克8克蛋白质算，米饭按每100克3克算
豆类	豆腐一般按每100克7 ~ 8克蛋白质算，豆干的含量更高一些

你懂氨基酸吗

说蛋白质不得不提氨基酸。蛋白质是由氨基酸构成的。蛋白质，其实就是“一大堆”氨基酸有规律地排列组成的东西。

对成年人来说，有8种氨基酸是必需氨基酸：亮氨酸、异亮氨酸、赖氨酸、蛋氨酸、苯丙氨酸、苏氨酸、色氨酸、缬氨酸。

必需氨基酸是什么意思呢？就是说这些氨基酸我们的身体无法合成或者合成太慢，不能供给需要。但是这些氨基酸身体还不能缺少，怎么办？只能从食物中获取，只能靠吃。

氨基酸又是由什么东西组成的呢？从实用主义的角度出发，很粗略地认为，氨基酸就是两个东西，一个是“碳骨架”，一个是氨基。

“碳骨架”是什么东西呢？“碳骨架”就是氨基酸里一种能产生能量、变成糖、变成脂肪的东西。

【划重点】

氨基酸中能产生能量的东西就是“碳骨架”。

氨基呢？就是不能产生能量、不能变成糖、不能变成脂肪的东西。而且，氨基里面有氮，对身体有毒性。所以，氨基酸中的氨基，如果没地方利用，就需要把它排出体外。

很多人可能听说过“掉肌肉”。具体地说，“掉肌肉”就是肌肉蛋白质分解变成了氨基酸，氨基酸再被分解，其中的“碳骨架”变成能量，或者变成糖，被利用了，剩下没用的氨基，变成尿素从肾脏排出去。

所以，当身体缺能量、缺糖的时候，就会出现“掉肌肉”的现象。大致就是这样一个过程。

注意，为了大家好理解，以上很多说法做了粗略化的处理，不是特别严谨，但是对于理解蛋白质和氨基酸，足够用了。

还有一种说法，说“蛋白质吃多了伤肾”，我们这里暂不说这种说法对不对，只探究为什么会有这种说法。

其实也很简单，刚才讲了，氨基酸是由两种东西组成的，一个是“碳骨架”，能被利用，剩下的是氨基，多余的氨基会变成尿素从肾脏排出去。所以，如果氨基酸都完整地被利用，那无所谓，但是如果蛋白质摄入得太多，很多氨基酸用不了，多余了，那里面的“碳骨架”就会变成能量，或者变成糖或脂肪，没用的氨基就要被排出去。排出去是肾脏的工作，那肾脏的负担就重了，重到一定程度，有可能肾脏会出问题。

所以理论上说，蛋白质摄入量太大，会增加肾脏负担。但是对于健康人来说，目前还没有足够的证据说明，过多摄入蛋白质必然会对肾脏造成损伤。

【划重点】

还没有明确的证据能说明正常人选择高蛋白饮食会造成健康问题。

但是，毕竟增加负担也不是件好事，所以蛋白质我们还是尽可能不要长期过量摄入比较好。

素食就不能增肌吗

另外一个话题也跟氨基酸有关。很多人都听说过所谓的“不完全蛋白质”，有人说植物蛋白质就是不完全蛋白质，为什么这么说呢？还是跟氨基酸有关。

我们吃蛋白质，需要的其实是组成这些蛋白质的氨基酸，尤其是那8种必需氨基酸（对婴儿来说是9种）。

而身体利用这些必需氨基酸也很有特点，怎么利用呢？一般不是单独利用其中的一种或者几种，而都是凑成套利用的。

比如，8种必需氨基酸是A、B、C、D、E、F、G、H。身体合成一种肌肉蛋白质，需要1个A、2个B、5个C，剩下D、F、E、G、H都分别需要1个，那么这种肌肉蛋白质的组成就是1A2B5C1D1E1F1G1H。

假如我们吃进去的蛋白质所提供的氨基酸，别的都够，就差1个B，那么这种肌肉蛋白质就合成不了，凑不成套。

所以，我们吃食物蛋白质获取的8种必需氨基酸，应该尽可能在身体里能凑成套，哪个都别太多或者太少。

如果说一种食物蛋白质里面，8种必需氨基酸就缺一种或者几种，那这种蛋白质就是“不完全蛋白质”。

这种蛋白质吃再多，增肌需要的8种氨基酸还是不够，所以理论上说，吃再多也不能达到增肌的目的。

【划重点】

食物里的必需氨基酸要比例合适，利用率才够高。

很多人说植物蛋白质是不完全蛋白质，其实不对。绝大多数植物蛋白质里面的氨基酸，那8种都有。

只不过，植物蛋白质的“质量”比较低，因为里面8种必需氨基酸虽然都有，但是有的种类的氨基酸特别少，所以要配成我们身体需要的一套氨基酸，量不会很多（藜麦和大豆除外）。

比如，如果我们只吃谷物，将大米、白面、燕麦作为蛋白质的主要来源，这样人体利用这些蛋白质里面的氨基酸的时候，赖氨酸就容易不够，因为谷物里面赖氨酸的含量比较低。

谷物里赖氨酸含量低，这是它的短板，那么要让赖氨酸够用该怎么办？就只能多吃。靠多吃，多摄入赖氨酸来弥补短板。但是，多吃的话，赖氨酸够了，其他本来不缺的氨基酸就富余了，这样也不好。

所以植物蛋白质的“质量”比较低。

动物蛋白质，比如肉、蛋、奶，普遍质量就比较高，里面不但8种必需氨基酸都有，而且量很足，正好跟我们需要的比例差不多（当然也有例外）。

所以，有人说，增肌必须吃肉、蛋、奶，吃素不行，植物蛋白质不管用。这种说法是错的。

植物蛋白质也管用，只是利用率低而已。要提高利用率，一个办法就是多吃。打个比方，比如通过吃肉摄入蛋白质，你可能一天摄入130克肉类蛋白质就够了；但如果吃素，你可能需要摄入160克植物蛋白质才够。

植物蛋白质除了靠多吃弥补之外，还有一个办法，就是将各种植物搭配着吃，彼此的氨基酸短板可以互补。一种植物蛋白质里的优势氨基酸，正好可以补充另外一种植物蛋白质里的劣势氨基酸。

【划重点】

植物蛋白质需要适当多吃并且讲究搭配。

主要的搭配方法是，谷物配大豆、坚果种子配大豆。当然，植物蛋白质搭配动物蛋白质也是很好的选择。

增肌应该吃多少蛋白质

有种说法是，蛋白质吃得越多，肌肉长得越大。仅仅靠吃蛋白质就能增肌吗？当然不可能。没有训练，吃再多蛋白质你也不可能变成肌肉男。

另外，即便有训练，也不代表蛋白质吃得越多越好。在有足够的训练的情况下，蛋白质吃够就可以了，额外多吃也没有促进增肌的作用。

先说说不增肌的情况。普通成年人，身体健康，体力工作量不大，也不做大量运动，则需要的蛋白质不多。

针对有些疾病，比如感染、烧烫伤、发烧，还有一些严重的疾病，蛋白质需要量都会增加。体力劳动多的人、运动量大的人，蛋白质需要量也会增加。

所以，蛋白质的摄入量，针对普通健康成年人来说，美国和加拿大一般建议是每公斤体重0.8克，我国是每公斤体重1克，因为从我们的饮食习惯来说，我们摄入的植物蛋白质比西方人多一些。但是，现在很多年轻人也都是以肉、蛋、奶作为主要蛋白质来源的，那么就不需要1克。而素食者，则需要超过1克，这都视情况而定。

增肌人群的蛋白质需要量比普通人多一些，但是到底需要多少，其实学术界一直也没有统一的结论。为什么不能统一？一方面是因为人和人之间个体差异很大，营养素的需要量都不一样；另一方面，性别、年龄、训练状况、平时的运动习惯、其他营养素和热量的摄入量不统一，也都对这个数据有影响。

比如，营养素和热量的摄入就会影响蛋白质的需要量。热量摄入低，身体热量不够，需要蛋白质来提供热量的比例就大了，就应增加蛋白质需要量。碳水化合物吃得不够，需要蛋白质变糖来补充，也需要增加蛋白质的摄入量。

所以，不能说增肌，每公斤体重每天吃多少克蛋白质就肯定够了，还要看具体的情况。如果减肥期间吃得少，需要的蛋白质就多；如果有氧运动做得多，需要的蛋白质也多。

一般建议，在通常情况下，增肌人群的蛋白质摄入量每天至少要达到1.5 ~ 1.8克/公斤体重，而且来源建议以动物性蛋白质为主。

因为目前看高蛋白饮食对健康人来说还没有明确的健康伤害，所以为了最大限度地保证增肌效果，我个人建议，明确知道自己一切健康的人，蛋白质摄入量可以适当冒进一点。

比如新手增肌，前半年按每公斤体重2克蛋白质摄入也可以，因为新手处于快速增肌期，肌肉长得很快，而且身体对蛋白质的利用效率可能还没那么高。训练老手，蛋白质摄入可以稍微少一点。

当然，这都是以增肌为目的的阶段性建议，不是长期的蛋白质摄入量建议。

最后，高蛋白饮食需要多排出含氮废物，所以训练者要多喝水。

训练前后应怎样补充蛋白质

大家注意，说每天应该摄入多少克蛋白质，是不分训练日和非训练日的。比如你昨天训练，今天不训练，不代表今天不需要高蛋白。因为，昨天训练，今天则恰好是肌肉恢复和生长的时间，更需要补充蛋白质。除非你要休息很多天，那是另外一种情况。

还有一点要特别注意。我们刚才讲的是蛋白质每天总体上该吃多少，但是什么时候吃，也很有讲究。

平时一天不管是三顿饭，还是五顿饭，吃饭摄入蛋白质是必然的要求。另外还有一系列时间节点，必须补充蛋白质，那就是训练前后[1]。

[1] Kraemer WJ, Spiering BA, Volek JS. et al. Androgenic responses to resistance exercise: effects of feeding and L-carnitine [J]. Med Sci Sports Exerc 38: 1288-1296, 2006.

【划重点】

增肌训练前后补充蛋白质非常重要。

增肌训练前后，我建议都补充一些蛋白质，而且要配合碳水化合物一起补充。蛋白质，最好选择蛋白粉，尤其是训练前，有些人吃固体食物后训练可能会感觉不舒服。碳水化合物，我建议选葡萄糖，或者白糖也可以。当然，白面包也没问题，只不过糖比较省事，也好携带。

训练前后，蛋白质要补充多少呢？建议20 ~ 25克优质蛋白质。若是浓缩乳清蛋白粉的话，一般是30克左右。

配合碳水化合物一起补充，到底该补充多少尚未定论，一般建议至少是30克左右。也可以按照体重来算，按每公斤体重0.5克左右的碳水化合物来补充。

有的人一看30克糖，那训练前后就是60克了，觉得挺多，挺害怕。但实际上反过来说，一个2两的馒头，大约也含这么多碳水化合物；一中杯可乐，差不多也是这个量。所以，大家不用过度紧张，平时你吃了更多的糖，只不过你没意识到。

有人说，可乐里有白糖我知道，馒头和白糖能一样吗？其实，从营养的角度讲，白糖和精致面粉做的白馒头、白面包差别不是很大。

很多人一提白糖就很谨慎，其实米饭、馒头从各方面来说也不过是另一种形式的白糖。还有，很多人都说蜂蜜好，从现代营养学角度讲，蜂蜜跟白糖更没有多大差别。

增肌训练前补充，那具体是训练前多久呢？一般就是训练前15～30分钟。训练后补充，就是训练后即刻补充。事先带好蛋白粉和糖粉，训练后用水一冲就可以了。

运动营养学界讲训练后补充，都是强调训练后即刻补充，越早越好，一般没有认为需要等血液重新分配后再补充的观点。

为什么训练前后建议补充蛋白质和碳水化合物，原理比较复杂，我们这里就不展开讲了。

【划重点】

不考虑减脂问题的话，增肌训练前后建议分别补充30克蛋白粉和0.5克/公斤体重的糖。

训练后即刻补充之后，不是说就不用吃饭了，训练后的补充与吃饭是两件事。而且，训练后6个小时内，最好每隔2小时左右再补充点蛋白质和碳水化合物，比如下午训练后即刻补充了，之后过了2小时左右，正好该吃晚饭了，这就可以算作一次补充。吃完晚饭，再隔2小时，最好再吃点东西，补充一些蛋白质和碳水化合物。

当然，如果训练后已经很晚了，那么也不用刻板地遵循6小时内补充的原则，没必要晚上爬起来补充营养（但据说还真有选手这样做）。

增肌训练者的三大基础营养素——碳水化合物

讲碳水化合物之前，我们先讲一点基础知识。

首先，碳水化合物的来源主要是什么？主要是：主食、添加糖（包括含糖饮料）、水果、薯类、某些蔬菜和豆类。

坚果里面也有不少碳水化合物，但是一是我们吃坚果吃得少，二是坚果里的碳水化合物中很大比例是膳食纤维，膳食纤维也属于碳水化合物，但是我们基本不能把膳食纤维当作碳水化合物来利用。

碳水化合物很重要，尤其对增肌人群来说，主要有如下几点作用。

1. 提供日常运动需要的能量。

碳水化合物的需要量跟运动有很大关系。有些增肌者平时也会做很多有氧运动，那么就要多吃碳水化合物，来满足这些有氧运动的需要。

所以一般有氧耐力运动员，碳水化合物摄入量达7～8克/公斤体重也不稀奇，因为训练量很大，必须吃那么多[2]。

[2] Dunford M, editor. Sports Nutrition: A Practice Manual for Professionals. 4th ed. Chicago(IL): American Dietetic Association. 2006.

2. 给一些特殊细胞提供能量。

我们都知道，大脑和神经系统主要靠葡萄糖来提供能量，红细胞只能用葡萄糖（红细胞连线粒体都没有，只能用糖酵解提供能量），一些免疫细胞也利用葡萄糖。虽说心肌能氧化不少脂肪来供能，但是氧化脂肪的比例太大，对心肌也不好，所以还是需要一些糖的。

所以，我们每天固定需要一些葡萄糖，比如大脑，成年人大脑活动一般需要约120 ~ 130克/天的葡萄糖。当然，神经细胞还能使用酮体作为能量（注意，也有一些神经细胞不能利用酮体，只能利用葡萄糖），但这不是常规能量，是没办法的时候的替代能量。

3. 节约蛋白质。

碳水化合物吃不够，身体糖不够，就要蛋白质变成糖来补充，这点我们刚才在讲蛋白质的时候讲过。这样，直接的结果很可能就是掉肌肉，这叫“碳水不够，肌肉来凑”。

所以，除非你吃的蛋白质特别多，否则碳水化合物吃不够是会掉肌肉的。

4. 满足增肌训练需要。

食物里面的碳水化合物是我们身体肌糖原的主要来源，低碳水饮食，肌糖原必定储量大大降低。

肌糖原是什么呢？这里不细讲，我们只要知道，肌糖原是我们增肌训练的时候很主要的一个能量来源就可以了。增肌训练如果是一辆车，肌糖原就是汽油，油不够，车肯定跑不远。

而且，碳水化合物吃不够，人的血糖也会比较低，血糖一低，对于大多数人来说，都会明显影响他们的运动热情。

所以，低碳水饮食，对于大多数人来说，会让人不爱动，一动就累，训练的时候高强度上不去，练几下就没劲儿了。这一切，都会明显影响我们的训练。训练都不能保证，何谈增肌？

碳水化合物很重要，没有特别必要的理由，不要低碳水饮食。

碳水化合物每天建议吃多少呢？不运动的人，我个人建议，每天不要低于150克，大脑和神经系统就要用掉120克左右，剩下的给别的地方，其实不会多余。

有额外有氧运动的话，那就复杂了。运动量大就多吃，小就少吃，这个要根据个人的情况来定。

当然，我们之前也讲了，对于增肌人群来说，有氧运动不建议做太多。所以，增肌训练人群，每天的碳水化合物一般最少也不要低于3 ~ 4克/公斤体重。

当然，也可以按照摄入的热量来算碳水化合物需要量。建议增肌期间，保证每天热量的45% ~ 55%来自碳水化合物。

【划重点】

不运动者，每日碳水化合物摄入量不建议低于150克；增肌人群每天不建议低于3 ~ 4克/公斤体重，或建议每天热量摄入的45% ~ 55%来自碳水化合物。

我们要大概计算出碳水化合物的摄入量，就要知道哪些食物含多少碳水化合物，我给大家一些大致数据，足够用。

对于蔬菜、水果，给出的是比较平均的数据，适用于大多数蔬菜、水果，但也有例外，有些蔬菜碳水化合物会比较高，比如藕、苦菜、蒜薹等。

食物种类	碳水化合物含量（每100克）
各种生米、生面（大米、小米、黑米、玉米面、白面等）	75克
面条、燕麦片	60 ~ 75克
馒头	50克
米饭、各种薯类、鲜玉米	25克
各种粉丝	85克
大豆	35克
其他豆类	65克
大部分蔬菜	5克
大部分水果	15克
各种添加糖（包括葡萄糖）	100克
蜂蜜	75克

碳水的重要属性——GI

碳水化合物有一个重要属性，就是所谓的血糖指数（GI）。

这个数据有什么作用呢？简单说，就是反映了碳水化合物消化的快慢。比如白糖、米饭、馒头，消化都很快，吃下去，我们的血糖很快就能提高，那么这些东西的GI也就都比较高。

比较慢的有粗粮和大多数水果，最慢的是各种粉丝、粉条。

越松软的主食，一般GI越高，因为好消化。比如薯类，土豆泥很松软，GI就比较高；土豆粉条硬硬的，GI就比较低；再比如面食，馒头很松软，GI就高，意大利面很硬，GI就低。

【划重点】

消化越快的碳水化合物GI就越高。

碳水化合物的GI对增肌来说比较重要。一般建议，训练前后补充碳水化合物，要补充高GI的；而日常饮食，选择中等GI的碳水化合物比较好；晚上睡前如果要补充，选低GI的碳水化合物比较好，这样有利于在夜间禁食阶段尽可能稳定血糖。

日常典型食物碳水化合物的GI数据（以葡萄糖为基准），见下表。我们要注意，GI数据是一个相对值，没有一个绝对正确的数据。

食物	GI
葡萄糖	100
绵白糖	83.8
面条（小麦粉）	81.6
馒头	88.1
米饭	83.2
土豆（煮）	66.4
红薯（煮）	76.7
苹果	36

续表

食物	GI
葡萄	43
香蕉	52
白面包	87.9
燕麦片	83
小米粥	61.5
煮玉米	55
南瓜	75
通心粉	45

一说训练前后要补充高GI碳水化合物，有人担心会带来健康问题。当然，从保健的角度讲，虽然不是说吃高GI的碳水化合物必然对健康有害，但高GI的碳水化合物还是少吃点更好。还是那句话，很多事有利必有弊，只能自己有所取舍。从增肌角度讲，高GI碳水化合物必要的时候也要吃。

还有很多人说高GI糖吃多了人会得糖尿病，其实不能这么说。就拿比较极端的例子添加糖来说，它的摄入量跟糖尿病有没有必然性的联系现在还都不好说，存在很多争议。

当然，有很多人群研究报告说，观察到一些人，饮食中添加糖（有的是精制谷物）摄入量增加，Ⅱ型糖尿病发病率也增加了。但是，观察的证据还不能说明这二者之间有因果关系。我多次说，人群研究只能提供一些相关性的结论，不能说明现象和结果之间有因果联系。

比如，添加糖、精制谷物吃得多的人，本身生活习惯可能就不太健康，可能同时有高脂饮食、肥胖、运动不足等问题，这些都可能是造成Ⅱ型糖尿病发病率提高的真正原因。

反过来说，精致谷物、添加糖吃得少的人，更关注自己的饮食，往往也都会有一个整体的健康的生活方式，那么慢性病低发就不奇怪了。

同时，也有很多研究发现，即便是高摄入添加糖，也不会导致Ⅱ型糖尿病发病率增加。这里面，热量摄入是否超标可能是非常关键的一点。其实高脂饮食也好，高糖饮食也好，如果热量摄入控制得好，不超标，可能也不存在什么明显的健康风险。

所以，我个人的建议，考虑增肌和力量增大的最大化，不但碳水化合物必须吃够，有时候，高GI的碳水化合物也得吃。

注意平时摄入中或低GI的碳水化合物，并且每日热量摄入适中，适当做一些有氧运动，保持健康体重。做到了这些，训练前后补糖对健康人来说，一般不会造成什么健康风险。

增肌训练者的三大基础营养素——脂肪

这一节我们讲增肌时摄入脂肪都应该注意些什么，我们先说一点关于脂肪的基本知识。

脂肪是食物当中一个能量来源大类，它实际上是个很笼统的概念，主要就是指我们平时吃的肉类里面的肥肉和植物当中的油。比如坚果，脂肪含量很高。

但米饭、馒头里也有脂肪，只不过含量比较低。完全不含脂肪的食物是非常少的。

通常我们说脂肪，会分成很多种类型，有饱和脂肪、不饱和脂肪、单不饱和脂肪、多不饱和脂肪。

但实际上这种说法都不对。饱和不饱和、单的和多的，都是说脂肪酸，而不是说脂肪。

脂肪是由脂肪酸组成的。脂肪酸，我们肉眼看不见；脂肪，我们肉眼能看见。一种脂肪里面，各种脂肪酸都有，不会都是饱和或者不饱和的脂肪酸。

比如我们平时说猪、牛、羊油是饱和脂肪，只是因为里面饱和脂肪酸含量比较多，但不饱和脂肪酸里面也有，有的含量也不少。

【划重点】

动物脂肪也不是完全的饱和脂肪。

不用太过于去理解脂肪的微观构成，我们从实用出发，只需要能区分，什么食物饱和脂肪酸含量多，什么食物单不饱和脂肪酸含量多，什么食物多不饱和脂肪酸含量多就可以了。

另外，我们还需要了解一下身体不能合成的两类脂肪酸（只能靠食物获取）是什么，它们在哪些食物里含量比较多就行了。

饱和脂肪酸比较多的食物，主要是各种动物的油，这类东西在室温下一般是固体。植物性食物里面有饱和脂肪酸吗？也有，而且有的植物里面的脂肪，饱和脂肪酸比例还特别大，比如椰子油、棕榈油。

所以，总结一下，说饱和脂肪酸，大家就直接对应：动物油脂、椰子油、棕榈油就可以了。

什么食物里单不饱和脂肪酸含量比较多呢？其实各种常见的植物油和动物油里面，单不饱和脂肪酸含量都很多。比较突出的是橄榄油、花生油、食用红花油。单不饱和脂肪酸，是我们最不容易缺的一类脂肪酸之一。

多不饱和脂肪酸也是一大类，分成很多种。总的来说，大多数植物油里面，多不饱和脂肪酸含量比较多，比如玉米油、葵花籽油、亚麻籽油、大豆油等。坚果当中，多不饱和脂肪酸也比较多。

多不饱和脂肪酸里面，我们要注意两种比较特殊的，一种是ω-3系列，一种是ω-6系列。

讲到这里，就引出了人体不能合成的两类脂肪酸的话题。

人体不能合成的脂肪酸，对生理活动和身体健康还特别重要，不能缺少，那么就只能靠从食物里获得。这两类脂肪酸就是ω-3和ω-6。

ω-6系列脂肪酸，最主要的作用是合成前列腺素、白三烯等，这对于我们维持正常的生理功能是非常重要的。

ω-3系列脂肪酸，主要跟大脑发育、大脑机能、视网膜正常功能、抗炎等有关系。往大了说，ω-3可能的作用还有很多，但是目前都还不是很明确。

那么这两类重要的脂肪酸，在什么食物里含量比较多呢？ω-6系列脂肪酸基本上在大多数含脂肪的食物里都有，所以现代人几乎很少有ω-6缺乏的情况，出问题往往是因为吃得太多。

ω-3主要是亚麻籽油、海鱼、核桃、松子仁、鲜栗子等里面比较多，这些东西，我们平时应该有意识地多吃一些。

而剩下的，比如饱和脂肪酸、单不饱和脂肪酸，其他多不饱和脂肪酸，我们的身体自己都能合成。从健康角度讲，尤其是饱和脂肪酸，不是必须要从食物里吃够的。

增肌人群怎么吃脂肪

首先，对增肌人群来说，脂肪的摄入量不能太低。脂肪摄入量太低，人的雄激素水平就会降低，这样不利于增肌。

而且，对增肌人群来说，饱和脂肪、单不饱和脂肪这些东西对雄激素水平的影响更明显。所以，增肌人群首先膳食脂肪要吃够，膳食脂肪当中，饱和脂肪酸、单不饱和脂肪酸也要占有一定的比例。

想增肌，脂肪要吃够，那吃多少算够呢？一般建议，脂肪摄入量不要低于每日热量的30% ～ 35%。

很多人不会算，通过脂肪摄入每日热量的30%，到底该吃多少脂肪，我这里举个例子。假设我们每天摄入3000千克热量，那么其中30%的热量要靠脂肪来提供，这样的话就是说3000 × 0.3=900千卡的热量要靠脂肪来摄入。每克脂肪的热量是9千卡，那么就是说每天要吃100克脂肪。

但是，也不建议脂肪摄入最高超过每日热量的40%。一方面太高了也没用，不是说脂肪吃得越多，雄激素水平越高，还有个度的问题。

另一方面，高脂肪饮食容易让人变胖，体脂率增加。体脂率增加，反而是会降低雄激素水平的，也不利于增肌。

所以，总的来说，增肌人群适量摄入脂肪，不要刻意吃得过少就可以了，但是千万也别把自己吃得太胖。

有人说，还要算，多麻烦。其实不用真的算，从统计的数据来看，近年来中国人日常饮食的脂肪摄入量，就大概落在我们建议的摄入量区间内。所以，只要平时不是刻意特别少吃脂肪，或者吃得太多，那么一般就不用太操心。

【划重点】

若增肌人群保持基本的清淡饮食，一般就可以吃到适当比例的脂肪了。

增肌训练者微量营养素的摄入

我们再说一下增肌人群怎么摄入各种维生素和矿物质之类的微量营养素（叫微量营养素不严谨，但可能这样叫大家比较容易理解）。

为什么增肌人群需要考虑微量营养素的摄入呢？因为从原理上讲，运动量增加，微量营养素的需要量也会增加。所以，运动人群，一般都需要考虑微量营养素有没有吃够的问题，增肌人群也不例外。

不过，增肌人群也有其特殊性，他们往往吃得多一些，非常重视营养补充方面。所以增肌人群只要不明显限制饮食，饮食也比较多样化，那么一般就不会出现营养素明显缺乏的问题。容易出现微量营养素缺乏情况的，是那些增肌的同时需要减脂的人。

说到这儿，有的人说，我怕微量营养素缺乏，那每天吃点维生素补充剂行不行？也不是不行，但不是很建议。营养，始终还是靠食物提供最好。

吃微量营养素补充剂，还有如下几个潜在的坏处。

1. 有时候产品剂量会超过包装上的标示。过去出现过这种情况，现在可能也有：比如一款产品，标的维生素D含量是200IU，结果实际剂量达2000IU，不小心的话就容易服用过量。

2. 有时候使用复合营养素，不该补充的也顺带补充了，可能会造成某些营养素过量。典型的比如铁。男性其实不建议轻易补铁，铁补得多会抑制免疫功能，还有些研究认为对肠道健康也有坏处。有些人本身有铁代谢问题，在不知情的情况下补铁就更危险了。

3. 有些抗氧化物质补充得多可能不好。高剂量的抗氧化物有时候反而会增加身体的氧化应激压力，所以不建议贸然补充，尤其是单一种类的抗氧化物质大剂量补充。

所以相比而言，通过食物补充微量营养素就安全得多。下面我讲讲，增肌训练人群需要注意，尽量不要缺乏的微量营养素有哪些。

增肌训练者怎么补充B族维生素

B族维生素都是辅酶，对能量和物质代谢非常重要。运动当然离不开能量和物质代谢（当然，B族维生素都是老叫法，现在可能更喜欢叫B_1、B_2之类的）。运动人群，B族维生素的需要量会稍微提高些，缺乏肯定不行。

增肌训练者动物性食物摄入得比较多，所以B族维生素中，B_2、烟酸、泛酸、B_6、B_{12}（除非是素食者）、生物素基本不会缺，我们需要注意的就是B_1和叶酸。

有人说叶酸跟增肌没关系吧？运动营养学研究说起叶酸（还有维生素B_{12}），往往首先就想到有氧耐力运动[3]。但是有些研究认为，叶酸有助于降低运动人群的炎症水平，所以增肌训练者也不能完全不考虑叶酸。

[3] Woolf K, Manore MM. B-vitamins and exercise: does exercise alter requirements [J]. Int J Sport Nutr Exerc Metab 16: 453-484, 2006.

反正不管会不会缺，我还是把所有B族维生素的主要食物来源说一下，自己对照，看有没有哪些食物，平时是吃得特别少的，那么就要考虑多吃一点。

B族维生素	优质食物来源
B_1（硫胺素）	猪肉、肝脏、葵花籽、豆类都是不错的来源。土豆、蘑菇也不错
B_2（核黄素）	主要是蛋奶，肉类也不错，肝脏里面核黄素含量很高。牛奶是核黄素不错的来源，但核黄素怕光，所以最好选择不透光的包装
B_3（烟酸）	烟酸可以由色氨酸转化，所以蛋白质吃够了基本不会缺烟酸
B_5（泛酸）	蛋类、肉类、葵花籽都是很好的来源。大多数食物里都有泛酸，所以只要吃得够多，基本不可能缺泛酸
B_6	肉、蛋、奶，另外，香蕉、土豆都是B_6很好的来源
B_{12}	肉、蛋、奶，植物性食物基本不存在可利用的B_{12}，所以素食者要补充B_{12}补充剂
叶酸	植物性食物，绿叶菜、豆类、芦笋、柳橙、葡萄柚等中叶酸含量都不错。肝脏也是最佳的食物叶酸来源。牛奶、土豆中叶酸含量不多但是也还可以
生物素	比较好的来源是蛋黄、豆类、坚果、肝脏、鸡肉、鱼肉。大多数蔬菜、水果里面也有

有人说，有的营养素我实在是食物里吃不够怎么办？实在不行也可以吃点补充剂，但是剂量不要太高（推荐量的2倍足够了）。

市面上的补充剂，美国产品居多，有些B族补充剂，包含的种类很多，其实完全没必要，也没好处。水溶性维生素虽然相对安全（B_6除外），但这么个补充法也总归不是很好。

【划重点】

选择补充剂要注意剂量问题。

其实FDA对食品补充剂要求很低，USP（美国药典）虽说想要力挽狂澜，但是补充剂也不是非要贴上USP的标，所以美国的食品补充剂总是给人一种不太放心的感觉，国内的产品相对来说倒是稳妥得多。

增肌训练者怎么补充维生素C、E，及类胡萝卜素、硒

这些都是主要的抗氧化营养素，当然，要说有抗氧化作用的物质，那就很多了，比如大豆异黄酮、番茄红素、白藜芦醇、芦丁等。

总的来说，抗氧化营养素对运动人群的健康和运动能力提高是很重要的，但是在不缺乏的情况下过量补充能不能提高运动能力，还存在很大争议，主流观点还是认为，如果本身不缺，那么超量补

充也没什么用。

我们对待抗氧化营养素的态度至少要做到两点：第一，保证不缺乏；第二，认识到增肌训练可能会增加抗氧化营养素的需要量，所以需要多吃一点。

补充方面，抗氧化剂应该避免大剂量地单独补充某一种，最好是联合补充，而且为了剂量的安全，最好还是以通过食物来补充为主。

所以我分别说下这几种营养素的食物来源，大家争取全面、足量地吃够。

1. 维生素C：主要是新鲜的水果和蔬菜，比如青椒、红椒、鲜枣、柑橘类水果、猕猴桃、草莓、木瓜等。新鲜两个字很重要，储存太久的水果和蔬菜，其中的维生素C含量可能会明显减少。

2. 维生素E：维生素E的主要来源是各种植物油，尤其是葵花籽油、食用红花油。各种坚果也是维生素E很好的来源。

3. 类胡萝卜素：主要是橙黄色的水果和蔬菜，还有西蓝花等深绿色蔬菜。

4. 硒：植物里面的硒含量差异很大，主要看种植环境。所以补充硒最好还是多吃一些海鲜和肉类，鸡胸肉、牛肉、蛤蜊、牡蛎中的硒含量都比较高。

以上说的这些食物，增肌人群平时尽量多吃一些，基本上就能满足需要。如果用补充剂，建议这几种抗氧化营养素一起补充，而且剂量不超过推荐量的2倍。我国的营养素推荐量，大家在网上很容易找到，这里就不再赘述了。

增肌训练者怎么补充维生素D

这几年对维生素D的研究越来越充分，它的复杂功能逐渐浮出水面。运动营养学界也对维生素D越来越重视，有不少研究认为，维生素D跟运动员的运动能力和肌肉收缩能力都有关系。

比如有研究发现，缺乏维生素D的运动员补充维生素D后能提高其运动能力，还可以减少其他急性运动损伤。

对老年人的研究发现，缺乏维生素D可能会造成肌纤维萎缩，补充维生素D后肌肉质量和肌肉力量都有提高。

虽然说老年人肌减少症的具体机制还有很多不清楚的地方，但是这也提示维生素D跟肌肉功能之前可能有密切的关系。

所以补充维生素D，对增肌和肌肉力量肯定是很有必要的。维生素D比较好的来源是含油脂较多的鱼类，比如沙丁鱼、鲭鱼、鲑鱼，还有鳕鱼肝油。这些东西，北方人尤其在冬天应该多吃。因为北方大部分地区的人，冬天晒太阳的机会很少，而且这些地区冬天的紫外线强度也不足以让皮肤合成维生素D。

增肌训练者怎么补充钾、铬、硼

钾

钾离子作为一种电解质，是细胞内液主要的阳离子。我们对钾的作用不太重视，可能只是朦朦胧胧地了解钾缺乏会导致人抽筋（其实并没有这么简单）。但其实从力量训练和增肌的角度来讲，钾也很重要。

首先钾跟肌肉收缩有关，肌肉收缩也好，神经冲动的传导也好，都离不开钾。另外，钾在肌肉蛋白质合成中也有很重要的作用，肌肉里面钾离子多少，跟肌肉质量和肌糖原储备都有关系。可以说足够的钾是肌肉形成的关键因素。

现代人往往容易出现钾摄入量不足的情况，尤其是水果、蔬菜吃得比较少，而且运动又比较多的时候。当然，真正达到血钾偏低的情况倒是不多见。但不管怎么样，力量训练者、增肌人群，还是要有意识地多补充一些含钾高的食物，同时吃高钾盐。

含钾丰富的食物主要是蔬果类、豆类、奶类，带皮的土豆含钾也不少。很多人都通过吃香蕉补钾，其实香蕉里钾的含量没高到哪儿去，运动员比赛爱吃香蕉，主要是因为香蕉好携带，吃起来也方便。

靠吃香蕉摄入充足的钾，每天至少也要吃十根八根。所以补充钾，还是靠摄入多样化的蔬果类和豆类比较好。

除非运动量特别大，或者吃得特别少，或者服用利尿剂，否则人一般不需要使用钾补充剂。钾过量风险也比较大，这一点要注意。

铬

铬本身就是健身补充剂中的一种，比如因其所谓减脂的作用，各种“脂肪燃烧弹”往往也是铬补充剂。铬甚至被认为是一种增肌补充剂，还有些补充剂把铬当成一种“类激素”来宣传。

铬有没有这么神奇呢？通俗地说，铬跟胰岛素有关，一般认为铬能够增强胰岛素的活性，好像是一种“胰岛素放大剂”。所以，铬可能就能通过胰岛素来影响碳水化合物、脂肪、蛋白质的代谢。

胰岛素是一种合成代谢激素，对于肌肉合成是有重要作用的，所以有些观点认为，铬可以通过增强胰岛素的作用，来促进肌肉蛋白质合成，提高肌肉力量。铬作为力量型运动者的一种补充剂倒是也不奇怪。

因为铬跟胰岛素挂钩，所以也有商家宣传，铬补充剂也是激素，一听激素，很多人就很兴奋，认为厉害得不得了。

当然，有一些动物或人体研究也发现，补充铬可以增加受试者的瘦体重，减少脂肪。但实验设计往往不是非常尽如人意。

综合大量研究来看，目前还没有足够的证据能证明补充铬有增加肌肉量和肌肉力量，或者减脂的作用。相关的权威机构并不认可铬补充剂的“神奇作用”。

另外，营养学界对铬的研究，其实也可以说是起步不久，很多事情还不清楚。比如，我们现在想知道一个人到底缺不缺铬，都比较费劲。因为好像目前还没有特别好的指标可以衡量我们身体中铬的水平（不排除有新技术，但我还没关注到）。

补充剂形式的铬主要是三价铬，但有些观点认为，即便是三价铬，补充多了可能还是会增加患癌的风险。在我国，也发现饮用水中铬含量较高的地区居民患癌风险增加。所以铬补充剂的安全性现在还不好说。即便是对糖尿病人，是否应该使用补充剂形式的铬，仍然有争议。

我们对铬不要过分迷信，很多观点还有待于更长时间的检验。所以我个人不建议大家使用各种形式的铬补充剂。

当然，如果真的缺了铬，那对健康和运动能力（包括肌肉质量和力量）应该是有影响的。运动人群可能也需要更多铬（力量训练人群的情况比较扑朔迷离），尤其是如果明显限制饮食，吃得特别少的话，则更容易造成铬缺乏，比如健美选手赛前控制饮食的时候。

作为普通增肌者和力量训练者，平时应该注意多吃一些含铬高的食物，不管怎样至少不要引起铬缺乏。

但是想知道食物里的有效铬含量其实并不容易，所以很多食物的营养资料里有时候干脆没有铬含量的数据。

通常认为，牡蛎、啤酒酵母、葡萄汁、肝脏、土豆，尤其是西蓝花中铬含量都比较高，这些东西我们应该多吃。牛肉、蛋类食物里也有一定含量的铬。

【划重点】

增肌人群平时多吃一些含铬高的食物即可，不建议额外使用铬补充剂。

硼

硼主要跟生殖健康有关，缺硼会引起生殖器官功能降低、睾丸萎缩、精子数量下降等。

硼作为运动补充剂，主要的作用被认为是可以提高血睾酮水平。但是这方面的研究很有限，目前还缺乏足够的证据。

有的研究给一些健身男性补充硼，7周后发现他们的睾酮水平、瘦体重水平、肌肉力量都有提高，但是安慰剂组也出现了相应的提高，所以也不能说明太大问题。

现在还没有证据能说明增肌人群应该使用硼补充剂，但是饮食中注意满足硼摄入量还是必要的。为什么我强调增肌人群硼摄入量的问题呢？因为含硼比较多的食物，主要是植物性食物，增肌人群可能平时吃得不是太多。

硼在食物中含量最多的一般是豆类，然后是坚果、蔬菜和水果。黑豆、大豆、葡萄、西蓝花、芥蓝都是不错的含硼食物来源。饮用水也是一个重要的硼来源。

增肌训练者能喝酒吗

有不少人会问，增肌期间能不能喝酒？总的来说，不建议喝。

首先，酒精有热量，而且还不低，每克为7千卡。酒精的热量可以被我们利用，所以对于喝酒的人来说，酒精也是一个热量的来源，是“第四类”能量物质。酒喝多了会使人发胖，这是毫无疑问的。

酒精使人发胖，主要是因为酒精能提供热量，至于内分泌方面可能的原因现在还不是非常明确。

大多数酒精里的热量会被我们优先直接利用掉，这是因为酒精的代谢产物对细胞有毒性，所以身体希望要尽快地将其清除。酒精直接转化为脂肪的能力比较弱，但是酒精可以间接地让你的脂肪增加。

酒精在能量代谢中有绝对优先的“权力”，喝酒后，身体会不用别的能量物质，而先利用酒精。所以，酒精对脂肪和糖类的氧化都有抑制作用。

酒精提供了一些能量，替代了我们储存的能量，所以如果酒精摄入得多，造成热量正平衡，就会间接地让我们的脂肪增加。

但是必须强调，不是说只要喝酒人就会胖，还是要看摄入的和消耗的哪个多。如果喝了酒，但是饭吃得很少，那么喝酒的人还会瘦。

【划重点】

喝酒会不会使人发胖，仍然要看总热量的摄入。

我们再说一下酒精对增肌的影响。首先，酒精对雄激素水平是有影响的。主流观点认为，酒精会降低睾酮水平，提高雌激素水平，尤其是对肝脏已经出问题的人更是如此。所以，从这个角度讲，喝酒可能不利于增肌。

当然，说喝酒后会提高血睾酮水平的研究也有。但因为具体的机制还不清楚，所以这个问题目前还有争议。总的来说，从现有的研究看，喝酒从睾酮的角度讲可能还是不利于增肌的。

第二，酒精会影响几乎所有营养素的吸收，酗酒的人大部分存在营养不良的问题。其中很多营养素是跟增肌有关的，所以这也间接地会对增肌造成影响。不奇怪，长期过量饮酒，至少会伤害肝脏和胰脏，这样在消化食物方面就容易出问题。几乎所有的营养物质都要经过肝脏，没有一个好的肝脏，基本的营养都很难保证，更不要说增肌了。

所以，从增肌角度讲，喝酒可以，但千万不要多喝。喝多少算多，还没有这方面的研究。大概建议，男性，酒精摄入量每天最好不要超过15克（含5%酒精的酒，大概也就是一个易拉罐的量）；女性，建议不要超过这个量的一半。

CHAPTER 06

第六章

面对五花八门的增肌补充剂，我该怎么选

对增肌补充剂的基本态度

各种补充剂的功效一直是增肌人群乐于谈论的话题。增肌新手们对补充剂往往有一种朦胧的憧憬，认为这些东西好像“神药”一样，吃了就能变成大块头。但是又有点畏惧，总觉得其安全性不能让人特别放心。那么补充剂的真面目到底如何？这一章我们就详细地讲一讲几种最常见的与增肌相关的运动补充剂。

补充剂，现在也常叫运动营养食品，但是我还是觉得“补充剂”这个名称更好。为什么更好呢？因为“补充”二字。“补充”什么呢？主要是补充日常的天然饮食，或者是补充我们自身合成能力的。

有的补充剂是补充我们自身合成能力的。因为有很多东西我们自身可以合成，比如肌酸、肉碱等，但是合成量有限，所以可以用补充剂补充一部分。但是，这类东西核心的获得仍然是要我们靠自身的合成能力，不能靠补充剂。

更多补充剂是补充天然饮食的。我们摄入对我们有用的东西，最主要的途径是靠吃天然食物。而补充剂，仅仅是给天然食物“搭把手”，起到补充的作用。主角，仍然还是天然食物。

【划重点】

补充剂，只能起到补充作用，不能替代天然饮食。

比如我们都知道，增肌需要蛋白质，那么蛋白质从何而来？可以有两个途径，一个是靠饮食，一个是靠蛋白粉。有的人说，反正我要的是蛋白质，那么我完全不吃肉、蛋、奶、豆类这些高蛋白的东西，整天就靠蛋白粉来获取蛋白质，行不行？

答案是不行。那样的话，蛋白粉就不是“补充”，而成了营养的主角。除非有非常特殊的情况，否则不能这么吃。

原因是，虽然我们可以靠蛋白粉获得足够的蛋白质，但是蛋白粉里面几乎只有蛋白质，如果只吃蛋白粉，不吃肉、蛋、奶、豆类，我们蛋白质是吃够了，可其他营养就可能缺乏。

比如吃肉，我们既获得了蛋白质，还获得了很多很多其他的营养素，比如B族维生素、维生素A、维生素D，以及钙、锌、铁等。这些东西，是我们靠吃蛋白粉得不到的。

除了肉，蛋类、奶类、豆类也一样，不仅仅提供蛋白质，还提供丰富的营养素，和一些对我们健康有利的非营养的物质。

只有天然食物才是我们均衡全面营养的唯一来源。目前任何人工的东西都无法替代。

所以我们对于补充剂这三个字的理解一定要到位。补充剂就是起补充作用的，一定不能本末倒置，将其反客为主。

当然，在特殊的情况下，短期使用补充剂来替代天然食物也是可以的。比如出差的时候，没办法吃够一种营养，那几天仅靠补充剂也可以。

更极端的情况，比如有些人是素食者，有些营养素干脆就缺乏食物来源，那么也只能使用补充剂了，如维生素B_{12}。

我们再分类说一下对待补充剂的基本态度。补充剂，我们应该大致分成两类来看。一类是基础营养补充剂，比如蛋白粉、增肌粉、运动饮料、碳水化合物补充剂和各种维生素矿物质，甚至是必需氨基酸补充剂。

这些东西为什么叫基础营养补充剂呢？因为它们是补充我们身体所需要的必需营养素的。比如蛋白粉，是补充蛋白质的。蛋白质就是必需营养素，不仅是增肌所必需的，也是维持我们正常生理活动所必需的。

这类基础营养补充剂的特点，用一句话总结，就是“缺了不行，多了没用”。

因为是基础营养、必需营养素，所以缺了肯定不行。缺了的话，别说增肌，健康都成问题。

“多了没用”又是什么意思呢？这是说，基础营养，如果是摄入不足，我们补充了就能看到作用。但是如果已经够了，再多补充，一般也没有额外的效果[1]。

比如说铁，人如果缺铁，会对运动能力产生影响，因为身体运输氧气离不开铁。所以，如果一个缺铁的运

[1] American Dietetic Association. Position of the American Dietetic Association and Dietitians of Canada: Vegetarian diets. J Am Diet Assoc 103: 748-765, 2003.

动员，补充了足够的铁，运动能力就会有所提高[2]。

但是，是不是我们整天使劲儿补铁，补得越多，运动能力就越强呢？那肯定也不是。否则，马拉松运动员不用比赛，只比谁补的铁多就行了。

所以，对于基础营养补充剂，我们总的态度就是看自己缺不缺。如果日常饮食吃得足够，本来不缺，那么就没必要额外补充。目前没有证据能证明额外补充这类东西有什么特别的好处。

这是第一类，基础营养补充剂。第二类就是特殊营养补充剂（这个“营养”是广义上的营养），比如肌酸、左旋肉碱、HMB、核酸、蒺藜、谷氨酰胺，还有类似辛弗林这些东西。

这些东西不是我们必需的，或者至少说不是每个人必需的。因为其中有一些我们身体并不需要；而需要的，身体也能自己合成，健康人不会出现缺乏现象。比如左旋肉碱，食物里面有，我们的身体自己也能合成。健康人合成肉碱的能力足够供应肉碱的使用，所以它也就不属于我们必须去摄入的营养。

只有极少数人因为一些疾病，造成合成肉碱能力受限，那么肉碱对他们来说才是必需的一种营养。

特殊营养类中大多数东西补充了有没有好处，目前还不是很清楚。所以这类特殊营养，再用一句话总结，就是“没有也行，补充了可能更好但也可能没用”。

[2] Kopp-Woodroffe SA, Manore MM, Dueck CA, Skinner JS, Matt KS. Energy and nutrient status of amenorrheic athletes participating in a diet and exercise training intervention program [J]. Int J Sport Nutr 9:70-88, 1999.

这就是说，这类东西我们完全可以不吃，如果额外补充了，有可能会获得额外的好处，但也有可能没有用（实际上这种情况更多一些）。

所以大家一定要把握好这两类补充剂的定位。对于增肌人群，看待补充剂的基本原则就是：牢牢保住基础营养，争取特殊营养可能的好处。

首先，基础营养这部分是必须保证的。如果饮食当中某种基础营养实在吃不够，那么一定要使用补充剂。

在这个基础上，有针对性地、有选择地使用一些特殊营养，争取获得更大的收益。

【划重点】

增肌营养总原则：基础营养必须保证，“特殊营养”争取最大化收益。

当然，说到补充剂，安全始终是前提。比如属于基础营养的蛋白质，也不是人人都适合多补充的。所以，不管使用什么补充剂，不能以安全和健康为代价。

下面我们分别讲几种常见的增肌补充剂。

蛋白粉、增肌粉概说

蛋白粉、增肌粉，是我们最常听说，也是最常用到的增肌补充剂。但是仍然有很多人对这些东西并不了解。

比如有很多人觉得，蛋白粉是一种增肌“神药”，吃了就能长出肌肉块。还有很多人一直在问，不吃蛋白粉肌肉就练不大吗？

实际上，蛋白粉哪有这么神秘。蛋白粉，就是浓缩的蛋白质。你可以把一桶蛋白粉理解成一桶浓缩的鸡胸肉或者牛奶。

从提供蛋白质的角度来讲，本质上说，蛋白粉和鸡胸肉根本没有区别。增肌，不吃蛋白粉完全可以。食物当中蛋白质如果吃够了，就完全没必要吃蛋白粉了。

【划重点】

蛋白粉跟食物蛋白质没有本质区别。

反过来说，多吃蛋白粉，也就相当于额外多吃了蛋白质。我们刚才讲过，蛋白质是基础营养，如果缺乏是不行的，但是额外多吃，也不会让我们获得多少额外的增肌好处。

那么既然如此，为什么要有蛋白粉这种东西呢？主要用来应对一些特殊的情况。

比如，训练后应该马上补充营养。但是这时很多人在健身房，吃饭不方便，那么蛋白粉就非常适合这时候用来补充蛋白质。

还有的时候，我们需要大量的蛋白质摄入，吃天然食物的话很多人可能吃不了那么多东西，这时蛋白粉是一种很好的补充。

蛋白粉还是一种能够提供极高蛋白质，但是热量相对比较低的东西，所以很适合在对饮食热量摄入有限制的时候吃，比如减肥的时候要补充足够的蛋白质，这时食用蛋白粉相对更容易保证低热量摄入。

增肌粉，我们可以这样理解，就是在蛋白粉里面加了糖而已。

蛋白粉基本上只提供蛋白质，而增肌粉提供蛋白质的同时，还能提供不少碳水化合物，所以它其实就相当于在蛋白粉里加了糖。

有些人问，既然叫增肌粉，难道不是因为它有什么特殊的增肌功效吗？

增肌粉这个名字，大家不用太在意。不是说只要吃增肌粉就能增肌。这么叫，只是一种约定俗成。蛋白粉吃对了也能促进增肌（比如基础饮食中蛋白质吃不够的时候）。

增肌粉是蛋白粉加糖。前面讲过，训练前后，建议蛋白质配合碳水化合物一起补充，这样比单独补充蛋白质更有利于促进增肌。所以从这个角度讲，增肌粉的名称也算是实至名归。

增肌粉的性价比其实不是很高，所以如果不嫌麻烦，完全可以自己配置，无非就是蛋白粉里加上一定比例的葡萄糖粉，甚至可以加白糖，作为训练前后的补充。具体的量怎么搭配，请参阅前面的章节。

蛋白粉中有激素吗

关于蛋白粉，还有一种言论，说蛋白粉绝对不能吃，都是激素，健美运动员的肌肉都是蛋白粉“催”起来的。真的是这样吗？

刚才说了，蛋白粉其实就是浓缩的蛋白质，所以蛋白粉本身不存在什么激素问题，也没有任何证据能证明，适量食用蛋白粉会把健康人吃出毛病来。

但是，这是针对合格的蛋白粉而言的。确实有一种情况，蛋白粉可能受到了激素原类物质的污染，真的变成“激素蛋白粉”了。

激素原，简单来理解，它还不是合成代谢类激素，但可以变成合成代谢类激素。

比如脱氢表雄酮（DHEA）就是一种激素原，它虽然也属于雄激素的大类，但是还不是正正经经的雄激素，它在外周组织中可以转化成雄激素（当然也能变成雌激素）。

DHEA有促进蛋白质合成、促进脂肪分解的作用。这种东西临床上给中老年人使用，可以改善一些老年问题。但是用多了，也会产生副作用，如肝损伤、生痤疮，以及某些与雄激素相关的癌症发病率提高等。当然，这方面也存在一些争议。

蛋白粉在生产加工的过程中，有可能会在生产线上受到激素原物质的污染。都在一个生产线上，最后有些东西就混在蛋白粉里面了。这种概率虽然不高，但是也不能说完全没有。

这类报道在国外有过，国内产品的情况尚不清楚。相信绝大多数信得过的品牌不会出问题。

所以，除去这种特殊的情况，蛋白粉本身是安全的，没有激素。

浓缩乳清蛋白粉、水解乳清蛋白粉、分离乳清蛋白粉、酪蛋白粉有什么区别

最好的蛋白粉可能是乳清蛋白粉。但有人说，水解乳清蛋白粉更好，或者说分离乳清蛋白粉更好。实际上，普通的乳清蛋白粉与昂贵的水解乳清蛋白粉，或者分离乳清蛋白粉没有本质的区别。

普通乳清蛋白粉，一般就叫浓缩乳清蛋白粉，蛋白质含量约为80%。分离乳清蛋白粉有点不一样。分离，顾名思义，纯度更高，蛋白质含量一般在90%左右。

水解乳清蛋白粉，是用一些蛋白酶，预先分解乳清蛋白里的蛋白质，相当于预先做了点消化系统的工作。这样的好处，一个是这种蛋白质更好吸收一点；再一个，很多大分子被拆开了，乳清蛋白里一些蛋白质过敏原会少一点。有牛奶过敏的人，会更容易耐受水解乳清蛋白。

但是说水解乳清蛋白粉就明显比浓缩乳清蛋白粉吸收快，甚至在训练后补充可以增强增肌效果，就有点言过其实了。

水解乳清蛋白粉消化吸收确实快一点，但是跟浓缩乳清蛋白粉相比，甚至跟鸡蛋清、鸡胸肉相比，还没有足够的证据能说明会产生质的差别。

还有一种叫酪蛋白的蛋白粉。酪蛋白的特点就是消化慢一些，别的没有太大区别。乳清蛋白和酪蛋白都是牛奶里的东西，牛奶蛋白质里酪蛋白占大多数，乳清蛋白只占20%，所以牛奶蛋白质整体上消化也要慢一些。

【划重点】

各种不同的蛋白粉没有本质的差别，只是在细微处略有不同。

ZMA

ZMA，就是锌、镁、维生素B_6三种基本营养素放一起，配置出来的一种补充剂。

锌主要跟睾酮分泌有关，如果缺锌，睾酮分泌会受到影响，睾酮水平降低，可能会出现睾丸萎缩、身材矮小等问题。补充后睾酮水平会有所改善。

镁跟肌肉力量和爆发力有关，跟蛋白质合成、糖代谢都有关。

维生素B_6跟运动能力有关，它是参与能量物质代谢的重要维生素。

有一些实验发现，补充ZMA之后，被试的睾酮和IGF-1水平提高，力量增强；但也有研究发现，力量训练的运动员补充ZMA之后，总睾酮和游离睾酮水平都没有变化。

锌、镁、维生素B_6都属于基础营养。基础营养的补充，就像我们前面说的一样，往往是缺了补才有用，不缺补没用。如果本身缺这些东西，补充后可能就能见到效果，不缺的话补了也是白搭。

现在没有什么证据能说明在不缺锌、镁的情况下，补充ZMA能带来什么增益的效果。

所以，我倒不是很建议补充ZMA。虽然也有数据说，运动员（尤其是女运动员）容易缺锌[3]，但如果你平时肉类吃得比较多，海鲜，尤其是贝类也经常吃一些，那么缺锌的可能性不大。

增肌训练，一般来说也不会造成锌营养需求量的明显增多。

当然，对于素食者来说，小麦胚芽、全谷物食品、坚果种子也能提供一些锌，但还是建议使用一点锌补充剂。锌补充剂不建议使用太多，容易对铜的吸收产生影响。

一般来说，像锌、铁、镁、钙、铜等这些矿物质营养素，彼此间往往会互相影响吸收，所以如果补充，只补充一两种的话，量建议不要太大，容易影响其他矿物

[3] Micheletti A, Rossi R, Rufini S. Zinc status in athletes: relation to diet and exercise [J]. Sports Med 31: 577-582, 2001.

质营养素的吸收。或者要补一起补。

镁，一般人也不容易缺乏。因为叶绿素是含镁的，所以绿色蔬菜是镁的最好来源。坚果、种子、全谷物食品也是镁不错的来源。如果这类东西平时吃得比较少，那就要注意有镁缺乏的可能性了。

维生素B_6的主要来源是动物性食物，如肉类、鱼类等。植物中土豆、香蕉里镁的含量也还可以。

支链氨基酸（BCAA）

支链氨基酸（BCAA）就是三种必需氨基酸的组合，分别是：亮氨酸、异亮氨酸、缬氨酸。这三种氨基酸都是必需氨基酸，也就是不能依靠我们的身体自己合成来提供，要靠食物摄取。

其中，有一种对增肌来说作用特别突出，就是亮氨酸。不管是通过激素起作用，还是通过其他途径起作用，很多研究都认为亮氨酸能促进肌肉蛋白质合成[4]。

尤其是有些动物实验还提示，亮氨酸可能还对增加Ⅱ型肌纤维的蛋白质合成有帮助。

我们不用管Ⅱ型肌纤维是怎么回事，只需要知道增

[4] Xia Z, Cholewa J, Zhao Y, et al. Hypertrophy-promoting effects of Leucine supplementation and moderate intensity aerobic exercise in pre-senescent mice [J]. Nutrients 8(5): E246, 2016.

肌的时候，这种类型的肌纤维是最具备增肌潜力的。Ⅱ型肌纤维比例大的话，理论上说这个人的增肌潜力就更大。

亮氨酸还能促进胰岛素的分泌，也被认为可能有提高胰岛素敏感性、调节血糖的作用。胰岛素对肌肉合成是很重要的。另外亮氨酸也被认为可能能刺激IGF-1（类胰岛素生长因子，不特别准确地去理解，就是一种生长激素）的分泌，这就可能有利于蛋白质合成。但是这方面的研究还存在一些争议。

【划重点】

亮氨酸对肌肉增大可能有比较重要的作用。

同时，HMB是亮氨酸的代谢产物，别管有用没用，HMB也是合成类补充剂的大明星了。亮氨酸也能合成谷氨酰胺，所以亮氨酸受重视也在情理之中。

看起来，亮氨酸的确很重要。BCAA里有不少亮氨酸，但是这不代表我们就需要单独补充BCAA。因为，食物蛋白质里本身就有BCAA。

BCAA就是三种氨基酸而已，我们平时吃的肉、蛋、奶、豆不用说，连馒头、米饭里面都有BCAA。蛋白质摄入够了，BCAA也就够了。基础营养够了的话，多补充往往也没用。当然，如果我们真的没摄入够蛋白质，那么补充BCAA的确是有好处的。

有人说，补充BCAA不是为了多长肌肉，而是为了在做有氧运动的时候保护肌肉，少掉肌肉。BCAA真能做到保护肌肉吗?

理论上说是可以的。因为我们运动的时候，肌肉里的BCAA是可以燃烧提供能量的，这样就造成了一种“肌肉丢失”。

既然BCAA会消耗掉，那么补充点毕竟没坏处，尤其是在我们蛋白质摄入不足的时候。很多实验也确实能证明，补充BCAA，肌肉蛋白质分解会减少。另外还有些研究发现，训练中补充BCAA（14克），8周后，瘦体重显著增加。

但是，假如我们不补充BCAA产品，直接补充肉、蛋、奶，或者蛋白粉，本质上来说也是一样的。这又回到老问题上去了，这类基础营养，食物能提供，补充剂也能提供，怎么选择就看自己了。

虽然说，也有个别研究对比训练中补充BCAA和补充乳清蛋白粉的差别，认为前者对肌肉蛋白质的合成促进效果更好，但还需要更多、更好的研究才能最后说明问题。

所以，我个人不反对使用BCAA。如果为了追求可能的更多的增肌好处，经济上也不构成负担的话，可以使用。尤其是如果担心自己蛋白质摄入不足，那么用比不用更好。

【划重点】

如果蛋白质摄入充足，一般没必要额外补充BCAA。

再说一下BCAA的安全性。总的来说，BCAA还是比较安全的，毕竟它本身就是氨基酸。

有的研究认为，补充BCAA可能会引起血氨的升高，补充越多升高得越多。理论上说这倒是必然的。氨是一种小分子物质，很容易穿过肌细胞进入血液。同样，氨也能穿过血脑屏障，进入影响中枢神经功能，比如引起中枢神经疲劳。

当然，补充BCAA到什么程度会出现严重氨中毒，那就很难说了。一般情况下正常使用还不至于。比如有研究说一次性补充10 ~ 30克没有问题。

所以，比如运动后补充3 ~ 6克，或者运动中补充3 ~ 6克，一般都可以。BCAA溶解性不好，口服其实也要注意这个问题，水可以多一点，尽可能让其充分溶解。

我个人建议，如果摄入蛋白质的量足够多了，训练前后也补充了优质蛋白质，那再单独补充BCAA一般没必要。但是如果蛋白质摄入量一般，那么在训练中、训练后补充一点BCAA可能更有好处。

肌酸

一般来说，在运动营养学中，我们一提到运动补充剂，都是“斜眼看”。这种主观的“偏见”自然是不对的，但是运动补充剂确实往往都没用，让人失望惯了。

肌酸例外，肌酸是一种相对明确有效的运动补充剂，可以这么说，这东西真有用[5]。

[5] Micarl GB, Hugh SL. Creatine Supplementation and Exercise Performance-Recent Findings [J]. Sports Med 35(2): 107-125, 2005.

肌肉里有种东西叫磷酸肌酸。磷酸肌酸是我们做强度极高的运动时需要消耗的能量物质（当然还有别的作用这里就不讲了）。

而补充肌酸，目的就是让肌肉里的磷酸肌酸浓度增加，那么做强度极高或者高强度运动时，我们的能量物质就更充足，运动表现就更给力。

打个比方，我们玩赛车类游戏时，有所谓“氮气加速”，它能迅速提高发动机的功率。补充肌酸，就相当于增大车上氮气的气罐，让我们的身体这辆“车”多储存一点氮气，使加速的时间更长。

最典型的需要肌酸补充剂的就是爆发型力量运动员，比如短跑选手。他们做的运动，持续时间很短，但是强度极高，对这类运动，肌酸就能派上用场了。

增肌训练，虽然强度比不上短跑，但也相对较高。所以，补充肌酸对在增肌训练时提高训练能力也有帮助。

比如，原来卧推100公斤能推3组，现在补充了肌酸，能推5组，训练效果更好了。另外一些研究发现，补充肌酸还能提高运动员的最大力量，比如原来只能推100公斤，现在能推110公斤，那么对训练也是有帮助的。

【划重点】

肌酸一般被认为是明确有效的一种运动补充剂。

补充肌酸是通过提高训练质量获得更好的增肌效果的。当然，补充肌酸，肌肉里磷酸肌酸水平提高，也会让肌肉细胞水分增加，出现“肿胀”。细胞水肿会刺激肌肉蛋白质的合成，这可能也是补充肌酸被认为能够促进增肌的一个原因。

但也不是谁补充肌酸都有效的，有一定比例的人群补充肌酸是无效的。无效的原因，通俗地说就是虽然补充了肌酸，但肌酸进不到肌肉里面去，这样肌肉里面的磷酸肌酸浓度不会提高，肌酸补充也就无效了。

怎么办呢？一般认为跟糖一起补充会提高补充肌酸的效果，让肌酸“被肌肉吸收”的效果更好。

也就是说，喝肌酸的时候，同时补充一些糖。多少糖呢？这没有一个明确的量，不过从很多数据来看，补充的糖都不少，比如20克肌酸对应近400克糖。

补充肌酸的时候补充糖，一次最少的量也要30克。或者说，干脆我们把补充肌酸的时机放在摄入高GI碳水化合物的时候。比如，我们补充肌酸的时候，可以吃一顿白面包。之前也讲过，糖跟白面包，从碳水化合物的角度来讲，其实没有多大差别。

不管是糖，还是白面包，还是别的高GI碳水化合物，一般认为都有利于肌酸的补充效果，或许就是因为它们都能比较好地刺激胰岛素大量分泌，而胰岛素会把肌酸“带进”肌肉细胞。

所以，我们也可以配合运动来补充肌酸，因为运动后肌肉细胞的胰岛素敏感性最强。

比如，补充肌酸后，一般是在60 ~ 90分钟后达到血液峰值。配合运动的话，看运动时间，如果运动1小时，那就建议运动前补充，运动后正好肌酸达到血液峰值。当然，运动后马上补充也可以。

肌酸在食物（主要是肉类）里面也有，比如牛肉、海鱼等。所以素食者肌酸储量一般比较低。下面是一些常见肉类中的肌酸含量[6]。

食物名称	肌酸含量（克/公斤）
鳕鱼	3
金枪鱼	4
三文鱼	4.5
鲱鱼	6.5 ~ 10
牛肉	4.5
猪肉	5

很多人问肌酸怎么补充，答案是：没有所谓正确的方法，就看你补充肌酸想要干什么。

比如短跑运动员比赛的时候要用，那么就在比赛的那一天使肌酸达到饱和就行。

肌酸饱和是什么意思呢？我们也说了，肌酸要补充进肌肉里面才管用。肌酸饱和，就是补充肌酸到肌肉里已经“塞不下”的程度，即肌肉里的肌酸浓度达到了饱和。

补充肌酸达到饱和之后，运动能力提高的效果就达到了最大化。并且，再多补充也没用了。

所以，对于短跑运动员，肯定是在比赛那一天，让肌酸达到饱和的程度效果是最好的。

但是对于力量训练者，补充肌酸是为了提高训练效果，就可以不必追求饱和了。反正肌酸水平只要高一

[6] Williams MH, Kreider RB, Branch JD. Creatine the Power Supplement [M]. Human Kinetics, 1999.

点，就有帮助。饱和固然好，不饱和也有用。

所以，还是那句话，肌酸补充很灵活，就看你的目的。

怎么让肌酸饱和呢？传统的方法就是快速冲击和慢速冲击。快速冲击，每天20 ~ 25克，5 ~ 7天；慢速冲击，每天3克，28 ~ 30天。一般这么补充，就认为可以让肌肉里面的肌酸达到饱和。

当然，根据体重来吃也行，但是因为肌酸补充量本身就不大，除非体重特别极端的，否则差别也不大。

饱和之后怎么办呢？如果想要维持这个饱和程度，希望肌肉里面肌酸一直是最佳状态，那么每天继续以2克肌酸维持饱和就可以了，因为我们一天中肌酸的排出也就是2克左右。

有人说肌酸补充要补补停停，其实停不停都行，肌酸并没有非要用一段时间停一段时间的说法。当然，要说一直持续地用，用好几年，虽然不能说这样一定有问题，但是我们不建议，因为没多大必要。

如果不要求肌肉里面肌酸非要一直饱和，那饱和后就可以停。停4 ~ 5周，差不多肌肉里面的肌酸水平就恢复到补充前了。所以你要停多久，看自己喜欢。反正停越久，肌肉里面肌酸越少，肌酸的增益效果也越差，直到恢复到补充前的程度。

这就是肌酸使用的“自由性”。

【划重点】

补充肌酸需要根据需要来，没有唯一的“正确使用方法”，很灵活。

有很多说法说所谓新型肌酸不需要冲击期，这其实是利用了肌酸补充的灵活性做了个概念炒作。因为一水肌酸也不是必须要有冲击期的，可以冲击，也可以不冲击。

比如肌酸冲击期后，肌肉里总肌酸量一般能提高30%左右。中等身材的人，人体总肌酸池一般是120克，绝大多数在肌肉里面。按照100克估算，那么提高30%左右就等于增加了30克肌酸。如果说新型肌酸不需要冲击期就能让肌肉肌酸饱和，退一万步讲，也要一次吃30克，但是大多数新型肌酸也只是建议每次摄入5克而已。吃进5克新型肌酸，肌肉能增加30克肌酸，似乎是做不到的。

现在还没有明确的研究能说明所谓新型肌酸比一水肌酸好。

最后说一下肌酸的安全性。

目前来看，肌酸还是非常安全的。只要质量有保障，肌酸对健康人来说是没有明确副作用的。很多研究也发现，即使较大剂量连续服用较长时间也没什么问题。比如一项对98位运动员的研究发现，连续补充21个月的肌酸，69项健康指标没有任何异常。当然，这是针对健康人来说的，肝肾有问题的另说。

过去说补充肌酸后容易抽筋、拉伤，其实现在看没事；过去说补充肌酸容易造成热病，我估计可能是肌酸导致细胞外水分减少的缘故，但是现在看也没事。反而有些研究认为补充肌酸还有助于预防这些运动问题。

但是，你要是买了质量有问题的肌酸，那另说。买肌酸要看肌酸的纯度、有没有微生物污染、有没有重金属污染等。

补充肌酸后，因为肌肉里面肌酸（和磷酸肌酸）多了，所以肌肉里水分会增加，体重也会增加，每个人增重的幅度不一样，一般是体重的1% ~ 3%。

大家注意，补充肌酸增加体重，具体的机制还不是非常清楚。理论上说，补充肌酸增加的水分主要是在肌肉细胞里面，当然在补充的过程中，细胞外液的水分可能也会稍微增加，但是肌酸进入肌肉之后，主要是在细胞内增加水分。所以有效地补充肌酸会让肌肉重量增大、围度增加，但是不会让我们出现所谓的“皮下水肿”。

当然，有些运动员不希望补充肌酸增加体重，比如短跑，增加体重会影响速度。有些研究说，低剂量补充，如每天2 ~ 3克，或者使用聚乙烯糖化肌酸，可以提高运动能力但是不增加体重。

HMB

HMB就是β-羟基-β-丁酸甲酯。HMB是亮氨酸的代谢产物，被认为有促进肌肉增长的作用。

HMB走红，源于某著名运动员先说我用了挺好，然后才受到了关注。一些动物实验发现，HMB有促进蛋白质合成、抑制蛋白质降解的作用。也有些人体研究认为HMB有提高肌肉力量的作用，这里面不乏经典的研究。同时也有研究认为，HMB配合肌酸使用效果更好。

但是如果亮氨酸或者HMB本身供给充足，那么补充HMB可能就不会有太明显的效果。还有些研究认为HMB发挥作用跟维生素D有关，所以HMB是不是有效果，维生素D是否充足很重要。

另外，如果实验对象是老年人群或者训练新手，补充HMB的效果可能会更明显。

总的来看，支持HMB有效的实验多一点。对于HMB，现在的运动营养学界的态度通常是“可能有用，仍待进一步研究”。不能说这东西一定就多好，只能说没准有好处（这个态度就算是相对比较“暧昧”的了）。

关于安全性方面，目前的研究一般认为HMB安全性还是比较高的。人类每天3 ~ 6克连续服用数周也没什么问题，但是针对HMB安全性的研究更多还是关注短期安全性，最长的干预研究，补充的时间好像也就是1年，血生化、尿液各项指标都未发现异常。当然，可能还需要更多、更好的有关HMB安全性方面的长期研究。

所以我个人建议，如果有条件，短期补充HMB倒也可以，或许有好处。补充的剂量，建议每天3克，配合肌酸可能效果更好。

【划重点】

如果有条件的话，使用一些HMB可能比不用强。

谷氨酰胺

谷氨酰胺也是一种氨基酸，因为不是必需氨基酸，所以属于特殊营养。谷氨酰胺虽然是非必需氨基酸，但是在人体内发挥了非常重要的生理作用。这里我们只关注它与运动相关的作用。

谷氨酰胺首先跟免疫功能关系很大，很多免疫细胞的重要“食物”之一就是谷氨酰胺。身体内谷氨酰胺水平降低到一定程度，对免疫功能有抑制作用。

运动量非常大的运动，常见的是长时间、高强度的有氧耐力运动，比如马拉松，导致免疫功能降低。通俗地说，别管身体多好，跑完了，免疫功能通常都会受到不同程度的抑制，主要的外在表现就是上呼吸道感染的风险增加。

但是对于增肌或者纯力量训练，因其时间短，有间歇，不会必然带来训练后的免疫功能降低。同样，力量训练通常也不会明显降低谷氨酰胺水平，所以从运动免疫的角度讲，力量训练者一般不需要在训练后额外补充谷氨酰胺。

其实，耐力运动者长时间运动后补充谷氨酰胺是不是有利于维持免疫功能，现在也没有明确的结论。有的研究发现补充谷氨酰胺没什么作用，尤其是运动后补充一两次，好像更是这样。

但是因为谷氨酰胺安全性似乎还可以，所以很多耐力训练者在高强度运动后往往喜欢补充一些，估计没坏处，如果有好处更好。在体育界，其实很多运动员或者教练对补充剂的使用就是这种心态：只要没坏处就吃，万一有用呢。

所以我个人建议，如果只考虑维持运动后的免疫功能，力量训练者可以不补充谷氨酰胺，但是如果这阵子同时伴有大量的有氧运动，那么力量训练者在有氧运动前后可以考虑补充一些。

但是要注意，谷氨酰胺我们自己也能合成，所以如果平时饮食营养充足，尤其是蛋白质营养充足的话，那么额外补充的意义可能不大。确实也有些研究发现，补充足量的蛋白质，稳定血浆谷氨酰胺的效果本身就非常好。

所以要不要补充，也看你的基础营养情况。在有些情况下，如果你短期有很大强度的耐力训练，饮食营养还不能保证足量的话，那么建议在这期间，可以考虑规律性补充一点谷氨酰胺，一般每天6～8克。

另外提一句，谷氨酰胺对肠道健康也有很重要的作用。但是肠道细胞不像肌肉，肌肉可以合成和储存谷氨酰胺，肠道细胞做不到。所以有些情况下补充谷氨酰胺，对维持肠道功能就显得较有必要了。

比如如果有的同学有因运动引起的腹泻，或者肠易激综合征，而且营养可能还不够的话，那么适当补充点谷氨酰胺可能会有好处。

我们会更关注谷氨酰胺促进肌肉蛋白质合成、减少肌肉蛋白质分解的作用。毕竟这本书讲的是增肌。理论上说，谷氨酰胺肯定有这种作用，也有一些研究发现，配合力量训练补充谷氨酰胺，与不补充相比，肌肉的体积和力量确实都有增加。

但是也有很多的研究发现，额外补充谷氨酰胺并没有这种效果，这可能还是跟基础营养有关。所以谷氨酰胺促进增肌的作用还需要更多的证据支持。说起来，如果为了促进增肌的效果而补充谷氨酰胺，可能还不如补充BCAA。

【划重点】

在营养充足的情况下补充谷氨酰胺的意义可能不是很大，这是一种相对“可有可无”的补充剂。

β-丙氨酸

β-丙氨酸作为补充剂，主要的作用是提高“肌肽”的水平。肌肽是一种二肽，通俗地说，它是一种比蛋白质小、比氨基酸大的东西。

人体的肌肽重要的来源有两个，一个是自身合成，就是靠β-丙氨酸来合成；另一个是通过食物来摄取，来源主要是动物的肌肉。当然，食物里也有β-丙氨酸，来源也是肉类。

说起肌肽的作用，我们首先就会想到抗氧化。但从运动的角度讲，肌肽主要是一种抗疲劳的“缓冲剂”。

肌肽的这种抗疲劳的作用，主要体现在短时间、高强度的运动上，比如1 ~ 3分钟，或者再稍微长一点时间的运动，其实也就是以糖酵解为主要供能方式的运动。增肌训练正好就是这种运动。

肌肽之所以有这种作用，主要的机制，通俗地说，可能就是它能降低肌肉的酸性，是一种缓冲剂。

所以，理论上说β-丙氨酸对增肌训练有帮助。也有一些研究发现，它能提高力量训练者的训练量，进而可能会增加训练者的瘦体重。当然，也有些研究认为它没有改善运动能力的作用。

但目前运动营养学界对β-丙氨酸的“好感”好像有增加的趋势，逐渐承认它是一种基本有效的机能增进补充剂。我们要注意，这是从运动能力的角度讲的，要通过β-丙氨酸促进增肌，其实还要把运动能力转化成增肌效能才行，也就是通过提高训练量来提高增肌效果。

所以，即便承认β-丙氨酸对运动能力的增益效果，也不代表承认它有明确的促进增肌的作用，目前只能说，β-丙氨酸可能有间接促进增肌的效果。

【划重点】

β-丙氨酸可能会成为一种逐渐被更多人认可的运动补充剂，但是目前仍然不能说它有明确作用。

现在学术界对β-丙氨酸的副作用研究还不充分。有的研究发现，如果单次补充剂量大了，可能会产生皮肤刺痛之类的异样感觉。

补充β-丙氨酸的目的是增加肌肉中肌肽的水平，但是想要做到这一点，一般需要比较大的剂量且持续补充。通常的剂量是4～6克/天，分2～3次口服，补充4～10周。有些数据说，补充10周，肌肉中的肌肽可能增加80%左右。停止补充后，因为补充β-丙氨酸带来的肌肽水平提高会慢慢降低，不过降低的速度要比肌酸慢很多。

比如有数据说，如果补充β-丙氨酸后肌肉内肌肽增加55%，那么停止补充后15周，肌肽才会恢复到补充前的水平。这可能是好消息，因为补充一个周期，停止补充后还能持久受益挺长一段时间。

补充β-丙氨酸的效果可能存在性别差异，有些研究认为女性补充后运动能力提高的效果可能更好。

所以，对增肌训练者而言，如果经济条件允许，可以考虑使用β-丙氨酸，或许会对增肌有一定的帮助。

CHAPTER

07

第七章

运动伤害的预防和处理

增肌训练很容易受伤吗

很多人可能有这个感觉，练肌肉是很危险的事，整天跟铁家伙打交道，特别容易受伤。实际上并不是这样。增肌训练，总的来说还是很安全的，很多研究都显示，只要合理、适当地安排，增肌训练的受伤风险相比其他竞技性运动小得多。

比如，与踢足球、打篮球这类对抗性的竞技运动相比，增肌训练要安全得多。

同样是跟铁家伙打交道，用哑铃、杠铃做增肌训练，目的是练出漂亮的肌肉；而有些运动项目，比如举重、力量举，这些项目的训练目的是提高绝对力量，虽然看起来跟增肌训练差不多，但风险却要大一些。

原因是这类运动力量训练使用的负重要比增肌训练大，为了追求极限的力量，往往要用极限的重量来训练，刺激身体出现适应性变化，所以风险也就相应提高了。而以增肌为目的的力量训练，使用的负重是中等重量，安全性比较高。

另外，增肌训练可以增加肌肉、提高肌肉力量，对防治运动损伤还有好处。

提高肌肉力量，有助于提高关节的稳定性，这个很好理解。肌肉包围着关节，带动关节活动，也给关节提供稳定的支撑。如果肌肉力量弱的话，关节受伤的风险就会大大增加。

肌肉力量训练还能提高肌腱、韧带的刚性，让这些地方更结实，也降低了平时出现肌腱、韧带损伤的风险。而且，肌肉力量训练还对提高骨密度有好处，简单说就是能让骨头变硬。

为什么力量训练有助于骨骼“变硬”呢？我们骨头里面的矿物质主要由一种磷灰石晶体构成。对磷灰石晶体施加压力的时候，会由于一种“压电效应”产生微电流，所以我们对骨头施加压力的时候，也会产生微电流，这种微电流可以刺激骨骼矿化。

通俗地说，骨头需要适当给它压力，它才能越强、越硬、越健康。整天躺着、卧床，骨质就会慢慢丢失。实际上即便是骨折患者，有的研究发现，在骨头固定以后，如果正确地给骨骼施加一些压力，也有助于骨骼再生。

【划重点】

力量训练对骨骼健康非常有帮助。

说到这里，我们讲一个有趣的话题，胖人减肥，是只有好处没坏处吗？也不是，还真有点潜在的坏处，那就是骨密度降低。肥胖、体重的一个好处是，给骨骼的“压力”也大，那么骨密度也会高一点。

所以减肥后，一般人的骨密度也会跟着下降。这也是我们强调运动减肥必要性的原因之一。单纯节食减肥，因为体重下降，骨密度一般会降低；另外节食导致营养摄入减少，也可能加剧骨骼健康程度的下降。

减肥的时候安排运动，一方面有助于骨密度提高（当然也分什么运动，游泳就不一定好）；另一方面，运动增加消耗，那么我们饮食控制的压力就小一些，出现营养不良的可能性也降低一些。所以减肥最好还是饮食与运动相结合，并且找到适合自己的运动。

常见运动损伤的预防原则

增肌训练安全性很高，但也不是完全没有受伤风险。运动就是这样，只要运动，就有风险。所以，在做增肌训练之前，和训练当中，我们都应该对一些可能遭受的损伤做好充分预防，只要预防做得好，那么安全训练完全可以做到。

增肌训练的安全原则一共有11条，按照以下要求去做，对保证增肌训练安全非常有好处。

1. 进行系统训练之前最好做必要的医学检查。

说实话，这条原则很少有人能做到。大多数人去健身房办张卡准备训练之前，不会想着还去医院做个体检。但是我这里一定要给大家提醒，平常不运动，现在要开始系统地运动了，最好还是提前做个体检。

比如查查心血管系统的健康程度，查查血压正常不正常，这都最好要做到心里有数。有的时候这些方面有问题，或者有隐患，平时是看不出来的。

不过关于心血管问题，大家也不用太担心，运动时发生严重心血管系统疾病或死亡的风险还是很低的，有数据显示这个比例大概为100 000人里面少于6人。但是风险低归低，必要的防范还是要有，这是意识问题。

还有的时候，你可能有一些腰椎问题，平时没什么症状，也没当回事儿；那么做增肌训练时，可能会加重这种问题。

还有高度近视的人（近视超过600度），一般不建议做增肌训练，做其他运动也要小心，每年定期检查眼底，出现症状要提高警惕。

2. 每次训练前要注意热身。

热身对防止训练中出现运动损伤可能会有帮助。为什么说“可能”呢？因为这方面的研究结论不是很统一。

有一些研究发现，正确的热身可以预防运动中出现的运动损伤；但是也有些研究认为热身并没有这种作用。

总的来说，热身可能还是有好处的，至少没坏处，所以在要不要热身上面，我的建议是，每次训练前，热身还是很有必要的。即便是自己已经有了相当丰富的训练经验，训练时间很长了，也仍然需要热身。

热身的方式通常可以分成两类，一类是一般热身，也就是我们通常说的热身；另外一类是增强性热身，这类热身可以对之后的运动表现有增强的作用。

一般热身的目的主要是：提高、活化、顺畅。提高什么呢？主要是提高肌肉温度、肌肉血流量，以及关节润滑度等。提高有活化的作用，而提高和活化，最终的目的是让接下来的运动更加顺畅，包括肌肉关节的顺畅和循环系统的顺畅。

一般热身最常见的方式就是做5分钟左右缓慢的有氧运动，比如慢跑、骑固定自行车等。这样的运动量足以提高心率和血流量，提高深层肌肉温度，减少关节液黏浊程度，为接下来的运动做好准备。

对增肌训练来说，一般热身还包括关节的活动和训练动作的预演。比如今天要练肩部，那么就要对肩关节、肘关节、腕关节做一些简单的活动。在训练每一个动作之前做一组热身组，作为动作的预演，这一点我们之前已经讲过了。

但是，不管是有氧运动，还是热身组，都要考虑一个问题，就是热身的目的是“预热”，所以运动量不能太大。热身最忌讳的是运动量过大导致疲劳，这样对之后的训练就会产生比较大的影响。

所以，一般热身的时间不宜过长，运动量不易过大。

还有一点也很重要，热身跟接下来的实际训练之间间隔的时间不能太长。太长的话，“热”了半天，训练的时候身子又“冷”了。所以，一般建议这个间隔时间不要超过15分钟。

总结起来，给大家一些建议。再次做增肌力量训练之前，应该做以下的热身：

- 5分钟左右比较轻松的有氧运动。
- 对全身的关节，尤其是今天要训练的部位周围的关节做简单的活动。

还有的人热身时喜欢做一些拉伸动作，其实我个人不太建议这么做，尤其是不建议在增肌训练之前做静态拉伸。

什么叫静态拉伸呢？我们平时说的“压腿”，就属于静态拉伸。也就是让肢体保持一个用力伸展的姿势一段时间。静态拉伸的时候，肌肉长时间处于被动拉长的状态，有很多研究认为，这会在接下来的一段时间内，降低肌肉的收缩力量[1,2,3]。

简单地说，如果我们做增肌训练之前做静态拉伸，而且拉伸的时间比较长的话，那么拉伸结束之后训练，我们的力量很可能会明显降低，本来能举60公斤，结果可能只能举45公斤了。

过度拉伸导致的急性力量下降，一般会在拉伸后持续至少1 ~ 2个小时，力量上不去还怎么练？我们的训练基本也就毁了。另外，力量明显下降，自己还没有意识到的话，用小力量去博大重量，很容易受伤。

【划重点】

力量训练前不建议做过度拉伸，很可能会导致肌肉力量明显下降。

确实与很多人想的相反，静态拉伸未必能防止之后的运动损伤，甚至可能增加之后运动损伤的风险[4]。当

[1] Cornwell A, Nelson AG, Sidaway B. Acute effects of stretching on the neuromechanical properties of the triceps surae muscle complex [J]. Eur J Appl Physiol 86(5): 428-434, 2002.

[2] Cramer JT, Housh TJ, Johnson GO, et al. Acute effects of static stretching on peak torque in women [J]. J Strength Cond Res 18(2): 236-241, 2004.

[3] Nelson AG, Guillory IK, Cornwell A, et al. Inhibition of maximal voluntary isokinetic torque production following stretching is velocity-specific [J]. J Strength Cond Res 15(2): 241-246, 2001.

[4] Liebesman JL, Cafarelli E. Physiology of range of motion in human joints: a critical review [J]. Crit Rev Phys Rehabil Med 6(1): 131, 1994.

然，关于这个问题现在也有很多争议，但至少可以说，运动前静态拉伸，不能保证降低运动损伤的风险[5]，反而可能有反作用。

所以，如果你训练前有拉伸的习惯，最好换成别的热身方式。实在想拉伸，稍微拉伸一下即可，不要长时间持续，一般建议一个部位的一次静态拉伸不超过20秒。比如压腿的时候，一次别压超过20秒。

再说增强性热身。它主要是针对一些力量项目运动员赛前热身而言的，我这里简单介绍一下。

有些热身，可以让热身之后人的运动能力短暂地提高，比如我们做几下大重量的蹲起，那么再马上跳高，一般能跳得更高一些。这类热身有更强的目的性。

增肌训练前，这样的热身也可以适当安排些。比如我们要冲击一个比较大的重量，那么可以先做一些有负重的快速的肌肉收缩，然后再去完成动作。当然，这主要是针对训练老手来说的，训练新手不建议用这种方法。

3. 穿着要合适。

我们在前面讲过一些训练穿着的问题。做增肌训练的时候穿什么也很重要。总的原则是宽松、舒适、稳定、透气。宽松就是要求不限制关节的活动，太紧、太拘束的衣服肯定不行，做动作的时候会受到限制。

当然，有的时候受点限制也有好处，对关节也是一种保护，但这就要具体情况来具体对待了。总的来

[5] Small K, Mc Naughton L, Matthews M. A systematic review into the efficacy of static stretching as part of a warmup for the prevention of exercise-related injury [J]. Res Sports Med 16(3): 213-231, 2008.

说，还是宽松的衣服比较合适。

稳定则是说训练时穿的衣服最好是不容易“出状况”的。我以前在健身房就遇到过一回，训练者穿的衣服不合适，正在做动作时衣服带子突然断了，训练者一慌，差点被杠铃砸到。

衣服透气也很重要，可以帮助训练者快速调节体温。

4. 训练新手应该优先使用固定器械，而不是自由重量器械。前者的安全性更高。

5. 在使用器械前，要做好安全检查。

对于固定器械，要看看滑轮、绳索有没有问题，再看配重片的插销有没有插到底、座椅是否牢固，等等。

使用自由重量器械的时候，如果是可拆卸配重的，要注意看两头的销子是不是拧紧、锁紧，也要看杠铃或者哑铃两边的重量是否一样，避免出现重量不平衡，尤其是杠铃。

6. 不要在健身房戴着耳机训练。

很多人喜欢戴着耳机一边训练一边听歌，这个习惯不好。

在健身房训练的时候，周围有很多训练者在使用各种器械，你要随时对周围的情况保持警觉，远离别人的训练区域，避免被碰伤；还要随时警惕可能出现的突发情况，比如旁边的人训练到一组的最后一个动作，没力气支撑的时候很可能就把哑铃扔了，这时候你要很小心。如果戴着耳机，对周围情况的感知会明显迟钝，真出点什么意外自己也察觉不到，容易发生危险。

7. 做大重量训练时要有保护者。

8. 避免轻易使用过大重量，动作的离心阶段一定要保持好。

9. 从地面拿起重物时，要尽可能使用下肢的力量，腰部挺直。

10. 恰当地呼吸。

训练时呼吸也很重要，大多数人的习惯是发力时呼气，在动作的离心阶段吸气，这是因为我们在呼气的时候，能发挥出比吸气时大一些的力量。

训练时不可取的呼吸方法是长时间憋气，很多人都会犯这个错误。当然，我们想要发挥最大的力量，一般需要憋气。生活中我们也有这样的体会，在抬起一个很重的东西的时候，会刻意憋气。憋气时，腹内压、胸膜腔内压都会提高，这样躯干部位的刚性就会提高，便于我们发挥出更大的力量。

但是，发力时憋气，会迅速升高血压，升高腹内压，有时候容易出现问题，比如眩晕，甚至呕吐。这些情况虽然不是很严重，但可能导致你慌张，控制不住器械，被器械压伤或者砸伤。

所以，训练时应该避免长时间憋气。但有些时候，短暂的憋气是可以的。比如力量举运动员在做最大力量深蹲的时候，往往是在下蹲到障碍区（也就是最费力的一个阶段）的时候吸气，蹲到最低的位置，开始蹲起通过障碍区的时候，短暂憋气，用最大的力量通过障碍区，然后呼气完成直立。

这种情况下，在障碍区时短暂憋气，可以发挥最大的力量，而且因为腹内压升高，下肢和躯干部位的连接更有力，有助于保护脊柱。

11. 一旦在训练时身体任何部位出现明显的疼痛或不适感，就要马上停止训练。

这是有关训练安全的建议。一般来说只要做到这11条，那么增肌训练还是非常安全的。

急性运动损伤的处理方法

只要尽可能做到安全训练，绝大多数运动损伤都可以避免。但是万一有突发情况出现，我们也要学会应对和处理。

比如在训练的时候，或者在做其他运动的时候，拉伤、扭伤，或者挫伤了，怎么及时处理就显得至关重要。处理得好，损伤就小，恢复得快，也不容易留下“后遗症”，处理不好则容易产生很多问题。

下面讲一下急性运动损伤的基本处理原则。急性运动损伤是区别于慢性损伤的。慢性损伤主要是劳损，往往是反复使用某部位造成的细微损伤、发炎、退化等；急性损伤，就是我们理解的突然伤着了，比如扭伤、拉伤、挫伤。

急性损伤是突发性的，主要的表现是：疼（局部疼痛）、肿（伤处红肿）、热（局部发热）。根据这些症状的程度不同，急性损伤也分好几级。但了解分级对大家来说没有太大的意义。不过，这里提醒一句，有些情况的中度损伤会让你疼得很厉害；而严重损伤时，受伤的局部反而不会有特别疼痛的感觉。

比如3级急性损伤，韧带、肌腱或者肌肉完全撕裂，这时候在受伤的即刻，局部疼痛会消失，因为神经也被完全扯断了，局部失去了感觉。

所以有时候疼痛感不能完全反映受伤的严重程度。不管什么情况，出现急性损伤，都要严肃、认真对待。

急性损伤怎么处理？立刻就医。书里虽然会教大家急性损伤怎么处理，但意思并不是说，若出现这种情况完全可以自己搞定。

讲急性损伤的处理主要是教大家，在没有条件马上获得医疗帮助的情况下，或者医生援助还没到位的情况下，自己应该怎么做。如果处理不好，可能反而添乱，加重问题。

急性损伤的处理，通行的就是五原则，或者叫PRICE疗法，即保护（Protection）、休息（Rest）、冰敷（Ice）、压迫（Compression）、抬高（Elevation）。

保护，就是把受伤的部位保护起来，可以用吊带，或者夹板、支撑物，或者其他一切可以利用的东西，防止受伤部位随意活动或者被意外碰撞。

休息，很好理解，就是要暂时停止受伤部位的任何活动，限制功能，这样可以避免发生进一步的损伤。

冰敷，就是用冰或者其他凉东西给受伤部位降温。冰敷的好处主要有两个，一个是降低受伤组织缺氧坏死的可能性，就好像低温保鲜一样；另外一个好处就是降低血管通透性，收缩血管，减少肿胀和出血，也有一定的止疼作用。

冰敷一般用碎冰，当然，不建议直接让冰接触皮肤，比较常见的方法是用湿毛巾包裹碎冰来冰敷伤处。

冰敷的时间和频率没有特别统一的说法，一般建议发生急性损伤后立即冰敷，在之后的48小时内，有条件的话，每隔1.5 ~ 2小时可以冰敷一次，一次20 ~ 30分钟。

但是注意，20 ~ 30分钟这样的冰敷时间只是一个建议，最终还是要根据自己的情况来定。冰敷时间太长也不好，而且有些人也受不了。以冰敷时没有感觉很不舒服为准，几分钟也完全可以。

如果冰敷的时候出现因为冰块的温度引起明显的疼痛感或者不适感，应立刻撤掉冰块。

压迫，或者叫加压，就是用有弹性的绷带包扎伤处，主要的作用也是止血和消肿，能起到固定伤处的作用。但是注意，加压包扎不能一直包着不解开，要包扎一会儿，放开一会儿，具体的时间可以根据自己的感受来调节。

抬高，就是把伤处抬高，降低微血管的血压，目的还是为了缓解肿胀和出血，降低进一步的组织损伤。

总的来说，急性损伤之后的处理原则，就是尽可能减少伤处出血、肿胀，还有止疼。总的方法就是应用PRICE疗法，最忌讳热敷、按摩、揉搓、擦药膏、用加热灯等。

【划重点】

急性损伤后的处理原则，一定要“温和”，千万不能“蛮干”。

一般在受伤后72小时（也要根据具体情况来定）才可以考虑一系列加热或者按摩的恢复方法。

运动损伤后的康复

发生急性运动损伤之后的紧急处理，其实也是康复的第一步。损伤后紧急处理得好，之后康复的难度就小一些，效果也会好一些。

运动损伤刚发生，还在红肿阶段（也就是所谓的急性发炎阶段），最忌讳的就是折腾伤处，此时不能加热、不能按压，尽可能地减少出血和肿胀。在之后72小时左右，一般就可以开始康复的第二阶段了，这是一个漫长的康复期。

急性运动损伤的康复周期可能会很长，根据损伤严重程度来定，有的是几天，有的要几个月。完全恢复之前的运动能力，有时甚至需要一年多的时间。在康复的过程中，最重要的就是要有耐心，千万不能操之过急，这是最基本的原则。

一般来说，在急性损伤发生后72小时，发炎阶段已经结束，最主要的表现是伤处的红肿开始减轻。

发炎阶段结束，意味着受伤的组织开始修复。组织修复的前期叫“纤维母细胞修复期”，这个阶段我们用更容易理解的方式来讲，就是身体会用“疤痕组织”来初步修复受伤组织。

疤痕组织也是由胶原蛋白构成的，但是这种胶原蛋白非常脆弱，也很僵硬。形象地说，就好像用很粗的线随便缝了几下，把受伤的部位粗略地连接在一起，这个过程是组织受损后必然经历的一个过渡过程。

经过疤痕组织的粗略修复，组织虽然是连接上了，但还不结实，而且柔韧性也差。疤痕组织过多的话，会挤压周围组织或者造成粘连，使这个部位的运动功能受到影响。

我们经常听老运动员说身上有“旧伤”，很多时候，这个旧伤就跟疤痕组织有关。所以，在组织受损修复过程中，产生疤痕组织是正常的，但组织要完全恢复，疤痕组织最终还是要被去除的。

去除疤痕组织，通常的方法有热敷、按摩和使用超声波等。最简单的方法是做一些热敷。自我按摩也是很好的手段，好处是自己可以掌握力度。按摩的时候顺着肌纤维的走向推、揉，注意整体的力度让自己没有不适感就可以了。

康复期间，受伤部位也要做一些运动，这样对康复有好处。但是做运动的时候要非常小心，原则上必须有康复师的指导。如果自己运动的话，要掌握如下两个基本原则。

1. 运动要循序渐进，切忌急于求成。
2. 做任何康复运动，都要以伤处没有任何不适感为标准。

运动康复要循序渐进，基本的运动安排大致是这样的：关节运动幅度恢复—拉伸和肌肉等长收缩运动—肌肉力量训练—本体感觉训练—爆发力训练。

首先要恢复关节的活动幅度。一般受伤后，关节就不能像以前那样全幅度地活动了。在康复过程中，可以轻柔地活动一下受伤部位的关节，如果不疼，一点点增加活动幅度，感觉到疼的时候，就不要再增加了。

总之，在没有任何疼痛感的前提下，逐步增加关节的活动幅度。先做弯曲、伸直的运动，再做一些环绕的运动，逐渐增加难度。

【划重点】

损伤后的运动康复原则是：一切以“无不适感”为前提。

接下来，可以做一些简单的肌肉拉伸训练。注意拉伸的时候，要从轻到重，慢慢地来，不管什么幅度、什么程度，都不能让自己感觉不舒服。这需要足够的耐心。

同时可以做一些受伤部位肌肉的等长收缩运动，也就是静力性的动作。等长收缩我们前面讲过，肌肉收缩用力，但是关节并不活动，不形成动作。

等长训练的好处是安全，同时还可以提高肌肉的力量，防止肌肉老不活动造成萎缩。

如果拉伸和等长训练都没问题，那么接下来就可以做一些重量很轻的力量训练了，目的是恢复肌肉力量，同时恢复肌腱、韧带的强度。同样，康复期间的力量训练要非常小心，重量要逐渐缓慢增加，在训练时以伤处没有任何不适感为标准。

本体感觉训练是什么意思呢？本体感觉，就是我们对自己身体状态的感觉。本体感觉好的人，做动作很到位、很协调；本体感觉不好的话，打个比方，本来是歪着上身的状态，但是他可能感觉是正着的。

组织受伤之后，我们的本体感觉可能会受到影响，有一些下降。恢复本体感觉很重要，而且对于康复期间预防再次发生运动损伤也很重要，因为若本体感觉不好，做动作的时候很容易受伤。

本体感觉的训练方法有点类似平衡感的训练方法，比如单脚站立、站平衡球等。

最后，我们可以做一些强度大一点的爆发力训练了，大部分运动能力可基本恢复了。

整个康复过程，根据受伤程度的不同，恢复时间可能会很长，保持耐心非常重要。

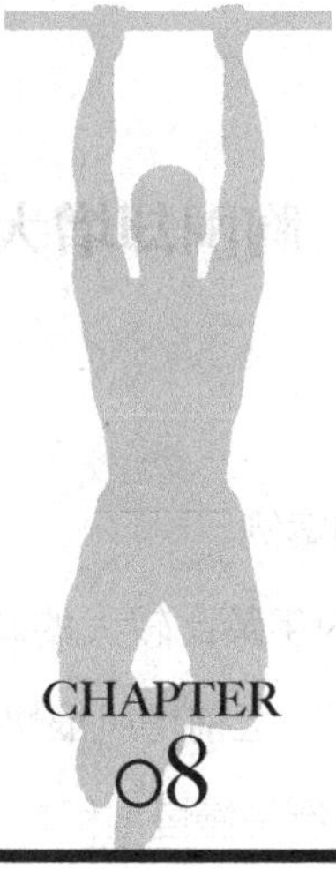

CHAPTER

08

第八章

告别油腻——怎么让脂肪“变成”肌肉

腰围减少18厘米，胸围却增大3厘米

先给大家讲个真实的案例。

黄先生是我指导过的年龄比较大的减肥者（41岁）。找到我之前，他已经健身一年多了。之前增肌很快，但差不多一年后，他发现增肌越来越困难，脂肪倒是慢慢堆积起来了。

黄先生的身材属于典型的中心性肥胖，皮下脂肪并不算明显，但有个大肚子。黄先生说，他之前喜欢健身，有一定肌肉量。但他听说，健身长肌肉，就要多吃，所以眼看着脂肪一点一点增加，肚子越来越大，但他也不敢控制饮食。

单纯希望减脂，其实相对简单一点。但增肌的人想要减脂，就要复杂得多。不敢吃太少，怕掉肌肉。有氧运动不敢多做，也怕掉肌肉。所以黄先生减脂一直没成功。

对于健身新手来说，减脂的同时增肌其实不难，因为他们还处在快速增肌期，肌肉稍微一训练就能长。但是对于有一些训练年限的健身爱好者来说，减脂增肌则要难一些。增肌训练人群的减脂，要比普通人群更复杂，要求更高。

增肌人群减脂，需要饮食和运动很好地配合，尤其是饮食方面，需要非常讲究。黄先生找到我以后，我建议他回去先准备一个食品秤，吃东西前要称重，同时给他做了详细的饮食计划和训练计划。

第一周，黄先生反馈说身材没有明显变化。我一问，他说秤没买，食物的量是估算的。我帮他在网上买了个秤，他回去用了一天，第二天又找我，说有了秤才知道，一两肉就一大口，自己以前吃的是太多了。但他也担心，如果比以前吃得少，不会掉肌肉吗？我让他放心，继续这么吃。

8周后，黄先生体重只减轻了3.5公斤，但是腰围减少了10厘米。6个月后，黄先生体重减少总计6公斤，腰围减少总计18厘米，但量一下胸围、腿围、臂围，其中胸围增加了3厘米，臂围基本保持，腿围增加了1厘米。

黄先生实现了“传说”中的减脂增肌——脂肪减少了，肌肉增加了。体重变化不明显，但身材的变化非常大。

增肌同时能做到减脂吗

这一章是针对增肌人群的减脂策略建议。有不少人健身练肌肉，希望肌肉线条更明朗，同时也想要减减脂。在这种情况下，减脂如果做得不好，肌肉会掉得很厉害。减脂把辛辛苦苦练出来的那点肌肉也减了，很可惜。

增肌人群减脂，是一个非常复杂的“工程”，需要营养方面非常科学、精确的配合。

另外，有种说法说增肌和减脂不能同时进行，因为增肌需要增加热量摄入，减脂需要减少热量摄入，这本身是矛盾的。

实际上，这两者是可以同时进行的。增肌，我们需要给身体增加肌肉，当然需要增加热量的摄入。但是这些额外的热量，不一定非要靠饮食，别忘了我们身上本来就有储存的热量——肥肉。

比如每日热量总消耗3000千卡，增肌的话，是不是一定要吃到3000千卡以上呢？答案是不一定。

如果要保证增肌最大化，那的确应该吃到3000千卡以上。因为高热量摄入能促进身体合成代谢。但如果吃不够3000千卡，也不代表不能增肌。因为增肌需要的额外的热量消耗，基本上可以通过氧化自身脂肪来提供。

所以，增肌的时候，我们需要的额外热量如果可以靠消耗身体储存的脂肪来提供，这正好也减了脂。有很多实验，不控制饮食，仅仅进行力量训练，就能获得增肌减脂的效果，这也说明了增肌、减脂是可以同时进行的。

有人说，这是不是就是把肥肉变成肌肉了呢？当然不能这么说。肥肉和肌肉是两种东西，两者相互之间不能完全地转化。

我们都知道，增长肌肉需要蛋白质，蛋白质是由氨基酸组成的，其中有8种氨基酸我们自己不能合成，要靠饮食来获得。我们身上的肥肉，至少是不可能提供这些必需氨基酸的。

但是，肥肉中储存的能量可以在增肌的时候使用。所以从这个角度讲，好像是肥肉变成了肌肉，实际上是，增长肌肉的同时消耗了肥肉。

但是增肌和减脂之间还是有相互影响的。最适合增肌的条件是身体能量正平衡，也就是说，吃的能量比消耗的多一些。所以，增肌想要最大化，需要比平时多吃，但这对减肥就很不利。

反过来说，如果我们控制饮食，比平时吃得少，那就是能量负平衡。虽然在这种情况下，靠消耗身体脂肪也能增长一些肌肉，但总的来说有利于减脂，不利于增肌，无法做到增肌最大化。

【划重点】

减脂、增肌可以同时进行，但是彼此之间都有影响。

所以增肌人群减脂，就不能像纯减脂的人一样，想怎么控制饮食就怎么控制。控制的力度如果太大，不但无法增肌，甚至还要牺牲肌肉。而且，增肌人群减脂，在饮食结构上，也需要有不同的侧重。

一句话，减脂和增肌可以做到同时进行，尤其是对于训练新手来说。但是，它们彼此之间相互有影响，一起进行，双方都无法做到最大化。

是该先减脂，还是该先增肌

既然减脂和增肌可以同时进行且彼此都有影响，那很多还没有开始增肌的新人就想，我想变成肌肉男，就先捡一头，要么先全力增肌，要么先全力减脂，行不行？

很多人觉得，这种时候，先减脂还是先增肌，一定有一个“标准答案”，其实这个“标准答案”是不存在的。

先减脂还是先增肌是个很复杂的问题，更多时候是两者都可以，都不能算错。或者说，这是每个人自己的事儿。

比如说，我有点胖，想要快一点摆脱“小胖子”的称号，那么可以先减脂。因为如果先增肌，为了保证增肌“全力开动”，往往要多吃一些，宁可多吃，别吃不够。这样，肌肉是增大了，但是脂肪也容易增长。

肌肉增大，脂肪也增加，人往往会显得更胖。大家要记住，你的肌肉再大，外面包裹着厚厚的脂肪，看起来你也只是胖而已。

这是说男性，还有些女孩子，减肥的时候，听人说增加肌肉能提高基础代谢率，所以为了更好地减肥，也想要增肌。

肌肉量增大的确对减脂有好处，这没错。可女孩子如果本身比较胖，胳膊和腿比较粗，甚至肩宽背厚，显得很“壮”，那么最好还是先减脂，后增肌。

因为这种情况下如果先增肌，肌肉体积增大，会带来身体围度的增加，胳膊、腿会显得更粗，后背显得更宽。虽然增加的是肌肉，不能算真正意义上的胖，但是从审美的角度讲，这可不是女孩子们想要的身材变化。

尤其是，增肌带来的体重增加，也容易打击这些减脂的女孩子们的信心。即便她们了解，体重的增加不是增加了脂肪，而是增加了健康的肌肉。但是，长期以来，人们习惯于把胖瘦和体重挂钩，这种心理上的坎儿，女孩子们一时半会儿可能迈过不来。

所以，建议大多数女孩子还是先减脂，减脂到基本满意的程度后，再加入增肌塑形训练，这样会更符合女性减脂者的心理，更有利于减脂。

【划重点】

先减脂还是先增肌没有唯一的答案，要根据具体情况来定。

当然，有种说法是女孩子不能增肌，甚至说女人没有雄激素，这都是非常滑稽的，是缺乏基本生理学知识的误解。

女性当然也有雄激素，只不过水平远低于男性。这就跟男性也有雌激素，只是比较少一样。

好了，现在说回男性减脂增肌。

如果男性比较在意自己的体脂率，那么建议先减脂，先变成瘦人，再合理增肌，多增肌少增脂，最后变成肌肉男。

如果不是很在意自己有点胖这件事，也完全可以先增肌后减脂，这都没有错。所以，减脂和增肌的先后，对于大多数人来说，都是自己的好恶问题。

不过有一种特殊情况，我建议是先减脂后增肌，那就是体脂率实在太高、确实太胖的情况。

对于这种情况我建议先减脂后增肌，有两个原因。第一，体脂率非常高往往会带来一个问题，那就是基础睾酮水平降低，雌激素水平升高。在这种情况下，如果不减脂先增肌，可能增肌本身会受到一些影响。

第二，体脂率特别高的人，可能会有一些健康指标不是很理想，甚至有一些慢性病。在这种情况下，减脂往往成了当务之急，应该先改善健康问题。

并且，如果真的有某些慢性病，那么增肌训练的风险可能会提高。所以，对于体脂率确实很高的人来说，建议先减脂，减到健康的BMI，然后再考虑增肌的问题。

所以，一个人应该先减脂，还是先增肌，要根据自己的具体情况来合理安排，并没有绝对正确的顺序。

增肌者减脂，该制造多大的热量缺口

针对增肌训练一段时间之后，有一定肌肉量了，对于想要减脂，让肌肉线条更明朗、肌肉更漂亮的人，他们的根本目标是，保持住已经练出来的肌肉的同时，把脂肪尽可能多地减下去，千万不要减脂的时候把肌肉也减丢了。

为了达到这个目标，关键在于怎么吃。

当然，说起肌肉线条，这里还要多说两句。过去有一种观点，认为肌肉线条是可以专门训练的，有“轻重量练线条，大重量练肌肉块儿”的说法。

实际上，所谓的肌肉线条与肌肉块儿根本就是一个东西。当我们的皮下脂肪层很薄的时候，肌肉的线条就明显；如果皮下脂肪层比较厚，那么肌肉就只能看到“块儿”，看不到线条，就这么简单。

皮肤下面是脂肪层，脂肪层下面是肌肉。所以，脂肪好像包裹肌肉的一层“被子”，“被子”特别厚的话，它下面的东西的线条就显现得不那么明朗了。

现在，我们讲增肌者减脂怎么吃的问题。

之前讲过的增肌者怎么吃，绝大多数也都适合增肌者减脂的时候使用。也就是说，增肌者在纯增肌的时候怎么吃，减脂的时候基本上也怎么吃，只不过要更细致一点。

细致在什么地方呢？首先是热量的控制。

增肌的时候，我们吃东西可以没有太多顾忌，而且稍微多吃一点，还有助于更好地增肌。但是现在要减脂，首先热量摄入肯定要减少了，需要制造一个热量缺口。

这个热量缺口如果太大，可能会在减脂的同时明显地丢肌肉；缺口太小，减脂又不明显，效果得不到保证。所以，增肌者减脂的时候，制造热量缺口总的原则就是，热量缺口要有，但不能太大。

【划重点】

合适的热量缺口是增肌者减脂效果的关键。

很多研究都发现高热量饮食可以增加身体蛋白质合成，这可能与高热量饮食对人体激素环境的影响有关。反过来说，热量摄入过低，会影响身体蛋白质的合成。同时，低热量饮食也会导致蛋白质被大量分解来提供能量，这都不利于肌肉的保持。

增肌人群减脂期间想要保持肌肉，热量缺口不能太大。但这个缺口到底多大最好？国外有一项研究是针对健美运动员赛前减脂的。该研究认为慢速减脂期，热量摄入35 ~ 38千卡/公斤体重，可以使运动员减少肌肉的损失，这是按照通常的运动量来计算的。但我国有些个案研究认为这个量还是有点大，一般摄入24 ~ 27千卡/公斤体重就可以了。还有一些针对健美运动员的研究，认为减脂期间热量比平时下调15%比较稳妥。

这些计算方法的误差率，与运动量和使用者身体成分有很大关系，可能适合健美运动员，但不一定适合我们。所以从有限的研究来看，一般建议，增肌人群减脂总热量缺口至少不超过300千卡/天。

也就是说，你每天吃的东西的总热量，不要比消耗的总热量低超过300千卡。

如果减脂的需要不是很紧迫，那么甚至可以基本保持热量均衡，不制造热量缺口。

比如有一项实验，对比了12周不节食随便吃，耐力训练和力量训练的减脂效果。12周后，耐力训练组体脂平均减少1.6公斤，肌肉量不变；力量训练组体脂平均减少2.4公斤，效果比耐力训练组更好。而且，力量训练组肌肉平均增加了2.4公斤，不但脂肪减少更多，还增加了一定量的肌肉。

减少了脂肪，增加了肌肉，这是更好的效果。只不过，这种方法减脂的速度非常慢，只适合不着急减脂的人。

对于大多数增肌者来说，300千卡/天的热量缺口是最合理的，兼顾了保持肌肉的效果和减脂的速度。

这300千卡的热量缺口，可以通过少吃，也可以通过增加运动来实现。但是这时候有些人会想，那我完全不控制饮食，每天多做300千卡的运动可以吗?

答案是，这样减脂很可能会失败。

从经验来看，很多人这么做，最后脂肪确实没减成，原因一般有两个。

第一，靠运动是多消耗了，但你同时必须要保证没有多吃才行。

很多人以前不控制饮食，现在增加了运动，还是不控制饮食，认为我饮食跟以前一样，但是很可能，你觉得自己还是吃那么多，但实际上你吃的比以前多了。

很多实验也都发现，仅仅靠运动减肥也能做到，但是效果很不稳定，或者非常不明显。这是因为，虽然你运动了，但是可能身体会同时调整你的食欲，让你在不知不觉间又多吃了。

人体调节食欲的机制非常复杂。总的来说，身体不希望我们热量负平衡。如果我们消耗的热量大于摄入的热量，那么身体就会想要提高我们的食欲，把消耗的补回来，稳定我们的体重。

所以，有的时候我们运动后食欲会增加，或者会更喜欢吃一些热量密度高的食物，这时如果由着自己的食欲来，很可能运动时多消耗的热量，在不知不觉中又吃回去了。

在增肌者减脂的过程当中，虽然可以单纯靠运动来制造热量缺口，但是饮食控制也是必须要有的。至少要稍微控制，保证你吃的不会比以前更多。

第二，运动减肥有时候效果不明显，还有一个原因是，很多人运动了之后，平时的活动就减少了，这件事也被一些研究证实了[1]。

一方面，运动带来的疲劳感往往让人不爱再多动弹了；另外一方面，很多人觉得我都运动了，所以有理由歇着了，于是除了运动之外能歇就歇，这样最终的总热量消耗可能没增加，甚至减少了。大家不要小看日常活动的热量消耗，加起来也不少。

各种原因导致有些人增加了额外的运动，但是却没有取得很好的减脂效果。所以，增肌者减脂，不管通过什么手段实现300千卡/天的热量缺口，饮食都必须要控制。最好的方式是饮食、运动并行。具体怎么做，在接下来的几节内容里，我给大家一些建议。

增肌者减脂饮食结构三原则之一——高蛋白

增肌者减脂在饮食方面，建议热量缺口是每天300千卡。那么具体的饮食结构应该是什么样的呢？我提出三个原则。

[1] Major GC, Doucet E, Trayhurn P, et al. Clinical significance of adaptive thermogenesis [J]. International Journal of Obesity 31(2): 204-212, 2007.

第一个基本原则是高蛋白饮食。

高蛋白饮食可以防止减肥期间丢失肌肉，蛋白质也能供合成肌肉使用。蛋白质是肌肉的“砖”，蛋白质不够，保持肌肉或者增长肌肉根本不可能。很多实验都能证明这一点[2]。

有一项针对46名女性的实验，12周低热量摄入，高蛋白组蛋白质摄入占每日热量摄入的30%，低蛋白组是18%。12周后，高蛋白组肌肉减少了1.5公斤，低蛋白组减少了2.8公斤。可见低蛋白饮食更容易消耗肌肉。

Layman的一项研究报告称，低热量（1700千卡/天）高蛋白饮食（占比30%）比同等热量低蛋白饮食（占比16%）更有利于在减脂期间保持肌肉。前者减少的体重里，脂肪与肌肉比为6.3：1，后者为3.8：1。

增肌人群想减脂时保住肌肉，蛋白质摄入量要足够高。不过高到什么程度还没有公认的标准。

【划重点】

主流观点建议减脂期间如果要保持肌肉，蛋白质摄入量最好能达到2克/公斤体重。

也就说，如果你体重70公斤，那么每天要摄入140克蛋白质（包括植物蛋白质），能比较有把握地保证减脂期间肌肉不丢失。当然，如果你想要减脂的同时增加

[2] 周瑾，焦颖，相建华等. 第十五届亚运会前营养干预对男子健美运动员身体成分和代谢的影响 [J]. 体育科研 28(1): 55-57, 2007.

肌肉，可能需要更多蛋白质。

有的人可能觉得每公斤体重2克蛋白质，是不是有点太高？实际上，普通人群在减脂期间一般不需要这么多蛋白质，也能保持住肌肉不明显丢失，但是增肌人群有其特殊性。通俗地说，因为他们的肌肉是练出来的，所以保持肌肉量的压力会更大。

为了保证高蛋白质摄入量，同时热量不超标，在饮食安排上，这里给大家两个建议：一方面，不要忽略植物蛋白质，如果植物蛋白质搭配得好，也是不错的蛋白质来源，这一点我们在前面讲过。

另一方面，高蛋白摄入的同时，注意控制脂肪的摄入，尽量吃高蛋白低脂肪的东西，不要高蛋白的同时把脂肪摄入量也搞上去了，这一点我们也是多次强调。

高蛋白低脂肪的东西主要有鸡蛋、鸭蛋、鹅蛋的蛋清，和纯瘦牛肉、羊里脊肉、兔肉、鸡胸肉、鸡胗、火鸡肉，还有鲤鱼、草鱼、鲫鱼、鳕鱼、罗非鱼、黄鳝、泥鳅、黑鱼、老板鱼、沙丁鱼、比目鱼等鱼类及大多数虾、蟹、贝类。当然，还有蛋白粉。

最后，有人担心高蛋白摄入的安全性问题。现在还没有明确证据能说明非长期的高蛋白饮食对健康人有什么不利影响（注意是健康人）。增肌人群减脂，毕竟是一种短期行为，蛋白质摄入量适当提高，一般来说没有太大的问题。

但对于有肾脏疾病等问题的人来说，肯定不建议高蛋白饮食。

增肌者减脂饮食结构三原则之二——足碳水

增肌者减脂饮食结构的第二个原则是足量碳水化合物的摄入。

多少碳水化合物算足量？一般不建议碳水化合物摄入的热量低于每日热量的45%。减肥期间可以适当减少碳水化合物的摄入，但不要减得太厉害。

【划重点】

增肌者减脂，通过碳水化合物摄入的热量不建议低于每天热量的45%。

现在有很多非常吸引人的低碳水减脂的说法，很多人都会被这种说法洗脑。实际上，低碳水减脂对于增肌人群来说是不可取的，至少不作为推荐的方法。

说起低碳水减脂的原理，很多“民间科普”会说，因为胰岛素，胰岛素是肥胖的罪魁祸首。其实这完全是没根据的。

每天能量500 ~ 1000千卡负平衡，有多少胰岛素你也胖不了。胰岛素的确能促进脂肪的合成，它就是合成代谢激素，几乎促进一切的合成，包括脂肪、蛋白质、糖原。胰岛素是主导储存的激素。

但是，第一，促进脂肪合成，也要有富余的能量才行。只要热量平衡，胰岛素不能平白无故地“变”出多余的能量来让你变胖。

第二，对健康人来说，碳水化合物引起的胰岛素反应是正常的，胰岛素不是洪水猛兽，你没有胰岛素反应那才有问题。现在低碳水减脂的风气，误导人们把胰岛素当成敌人，其实正常生理活动中谁也离不开胰岛素。

第三，说胰岛素不好，我们可以选择不太容易刺激胰岛素过多分泌的碳水化合物来源，而没必要让碳水化合物的摄入水平整体降低。靠低碳水饮食生硬地降低胰岛素完全是走极端。

但是，很多人采用低碳水方式减肥，发现它的效果确实很好，体重明显往下掉。低碳水减脂，主流学术界也承认，在前期，降体重的速度会比较快。但是注意，是降体重，它不代表减脂肪。快速减掉的体重里面有不少都不是脂肪。

低碳水饮食减肥“效果好”的主要原因如下：

1. 出现生酮后，酮体本身有抑制食欲的作用，让人不容易饿。

2. 在低碳水饮食中期，脂肪分解代谢开始增加。注意，这里是说脂肪供能的比例要比平时正常饮食多一些。但绝不像有些书说的低碳水饮食就是“把葡萄糖供能切换成脂肪供能”。

脂肪供能无时无刻不在发生。休息状态下主要的供能物质本来就是脂肪，何谈“切换”。很多人以为，只有低碳水饮食，脂肪才能分解燃烧，这都是受了伪科学鼓吹的误导。

3. 很多东西不能吃，“感官特异性饱腹感”会让你食欲降低。这是成熟的营养学研究结论。食物种类减少，食欲自然就会降低。从我们的经验里也能得出这种结论。

具体到一顿饭，光吃肉、菜，不就着主食吃，对于大多数人来说，会自然减少食物摄入量（当然特例总是存在）。

4. 酮体的排出等于排出了可利用的能量。

5. 糖原储量的迅速降低、肌肉蛋白质的丢失，导致前期体重快速丢失。这些东西都是要伴随丢失大量水分的，所以前期降体重速度很快就不难解释了（当然，足量的蛋白质一般能阻止肌肉明显丢失，但是肌糖原的减少是不可避免的）。

低碳水减脂，虽然说在前期有不错的“效果”，但是主流运动营养学界对低碳水饮食还是很忌讳的，一般不建议运动人群使用。实际上，运动人群离开了碳水化合物，那是不可想象的，增肌者也不例外。

第一，低碳水必然导致糖原储量降低，低糖原储量影响训练效果。除了个别人低碳水饮食的时候仍然生龙活虎（这实属特例），大多数人低碳水饮食都会影响运动能力和训练热情。

低碳水饮食期间，乏力、嗜睡、出冷汗、虚弱、心慌等症状，大多数人多多少少都会出现。有些人甚至很明显。前一周最难受，后来会稍微好一些，但是要说达到100%的训练状态，通常很难。

第二，肌糖原储量降低，影响肌肉充盈度，缩小肌肉围度。这也是低碳水减肥必然会出现的问题。

第三，容易丢失肌肉。低碳水饮食糖异生作用明显提高，丢失肌肉几乎是必然的。想要阻止这个过程，就需要大量的蛋白质摄入。但是，如果你不着急减脂，这样做完全没必要，没必要用低碳水丢失大量肌肉，又用高蛋白质勉强维持和补充。

健美运动员备赛，也有使用低碳水饮食的。但从世界范围来看，低碳水饮食备赛在健美界仍然不是主流。从Kleiner等的研究来看，健美运动员赛前饮食，碳水化合物：蛋白质：脂肪＝48%：34%：18%，减脂效果比较均衡[3]。碳水化合物摄入可适当下调，但也要在可接受的范围之内。

[3] Kleiner SM, Bazzarre TL, Litchford MD. Metabolic profiles, diet and health practices of championship male and female bodybuilders [J]. J Am Diet Assoc 90(7): 962-967, 1990.

第四，对于特殊人群，低碳水减脂有一定风险。

比如，增加了高尿酸血症的患病风险。高尿酸血症或者痛风（简单说，痛风就是高尿酸血症的发作）患者，本来排泄尿酸的压力就高，一般要求碳水化合物的摄入量达到每日热量的60% ~ 70%，这样减少酮体生成，不会竞争尿酸的排泄。

力量训练导致血乳酸水平升高，本身就会竞争尿酸的排泄，理论上说对高尿酸血症不利。再加上低碳水饮食，那就是雪上加霜。

所以，使用低碳水饮食减肥本身是有禁忌的，很多人不能用。比如有胰腺炎病史的、患胆囊疾病的、肝功能有问题的、肾脏不好的、脂肪消化不良的，以及低血糖患者、心肺血液病患者、高脂血症患者、泌尿系统疾病患者、高尿酸血症和痛风患者等。

增肌者减脂饮食结构三原则之三——低脂肪

增肌者减脂饮食结构的第三个原则是低脂肪。

低脂肪是减肥最基本的要求，针对所有的减肥者都是如此。

实际上，在我指导增肌者减肥的过程中也发现，很多增肌者（还包括数量更多的普通减脂人群）仅仅从原来的高脂肪饮食变成低脂肪饮食，就能很轻松地瘦下来，不用刻意少吃。

主要的原因就是，很多人日常的饮食结构中脂肪摄入实在太高，吃得太油。所以改善了饮食结构，使用低脂肪饮食，也就是低热量密度饮食替代高热量密度饮食，热量摄入就会明显减少，人也不会觉得饿。因为东西还是吃了那么多，体积差不多，但是热量降低了。

每个人每天能吃下的东西基本是稳定的，这个稳定，主要是食物的体积稳定。也就是说，每个人每顿饭吃够了这么大体积的东西，人基本就饱了。同样体积的食物，热量差别可就太大了。比如瘦肉和肥肉，差的不是一点半点。

大多数精瘦肉，比如纯瘦的牛羊肉，很多鱼虾肉，热量只有约100千卡/100克（这一点可能很多新手觉得意外，其实不奇怪，瘦肉里面70%左右都是水分，水分含量实在太大。剩下的一些蛋白质热量也高不到哪儿去）。

但是肥肉的热量基本能达到800多千卡/100克。肥肉的含水率很低，热量高度密集，它本身的作用就是储存能量。

植物油也一样，热量比肥肉还高，因为里面非脂肪物质更少。我们基本上可以近似地认为，肥肉和植物油，热量就是900千卡/100克，这是食物热量的极限。

所以，100克瘦肉和100克肥肉，体积差不太多（脂肪的体积比肌肉稍大，但也没有大很多，大概也就是0.9跟1.1的差别，不像网上对比图片那么夸张），但是热量能相差八九倍！

一顿饭，我们要是打算摄入700千卡热量，吃瘦肉的话，加工要清淡些，那么能吃1斤多；但如果吃肥肉，也就两口。所以高热量密度饮食要吃到饱，摄入的热量多得可怕。

我们在前面讲过，脂肪的摄入量跟睾酮水平有关。一般认为，低脂肪饮食会降低基础血睾酮水平，所以增肌人群减脂期间，脂肪摄入比例也不建议太低，大约每日热量的20% ~ 25%就可以了。这个脂肪比例基本算是非常清淡的日常饮食了。

当然，如果说在健美运动员备赛的最后阶段，脂肪摄入量不得不压得很低，这属于特殊时期特殊手段，我们暂不讨论。

【划重点】

增肌人群减脂，脂肪的摄入量不建议高于每日热量的25%。

从脂肪的构成角度讲，增肌者减脂期间除了吃低脂肪的肉类外，建议选择植物油，吃橄榄油最好。

最后，我们总结一下增肌者减脂应该怎么吃。

首先，制造300千卡的热量缺口。计算一下你的每日热量总消耗（计算方法可以在《我的最后一本减肥书》里找到，这里不再赘述），比如你体重80公斤，每天热量总消耗是3400千卡，那么减去300千卡热量缺口，你每天就应该吃3100千卡的东西。

这3100千卡怎么分配呢？按照三原则可以大致如下操作：蛋白质先按照2克/公斤体重吃够，约160克，640千卡；脂肪按每天热量摄入的25%计算，约85克，775千卡；剩下的是碳水化合物，约420克，热量比大约是每日总热量的55%。

当然，这是仅仅用饮食制造300千卡热量缺口。你也可以搭配运动，一起制造同样多的热量缺口。

增肌者减脂不用计算热量的傻瓜式方法

有人说，增肌者减脂还要计算热量，好麻烦。

普通人群减脂不用这么麻烦，但是增肌者减脂，因为要非常注意保持原有肌肉量不丢失，所以确实会比较麻烦。越麻烦，最后的效果越好。

但是有的增肌者可能说，我也不要求特别精确的效果，能不能有一个简单操作的方法呢？

也有。增肌者想要“简单粗暴”地减脂的话，做到以下8条要求，一般效果也会很不错。

1. 不论什么时候，看得见肥肉的肉都不要吃（也不能拿来炒菜），植物油总量每天不超过4可乐瓶盖。

2. 零食、熟食、外卖都不吃，尽量减少出去吃饭的次数。出去吃饭的时候，也要尽量遵守要求1的原则。

3. 小口进食。任何食物，平时习惯的一口，现在分成2 ~ 3口来吃。

4. 每口食物缓慢咀嚼35次再咽下，完全咽下上一口饭之后，再吃下一口。

5. 咀嚼食物的时候放下手里的餐具。

6. 清淡低盐饮食。

7. 任何时候，吃饱了就停下，千万不能吃撑。少吃多餐。

8. 每天额外多做60分钟快步走，可以分几次完成。

严格做到了以上8条要求的话，基本上就会获得比较明显也比较合理的减脂效果了。对于增肌人群来说，不会很慢。

如果说，以上8条要求没有让你瘦下来，或者瘦到一定程度无法再瘦了，那么你需要再加1条：每顿饭吃八分饱就停下。八分饱，大概就是刚刚开始感到略饱的程度。

同时，你可以通过增加运动来增加消耗，获得更好的减脂效果。

增肌者减脂应该怎么运动

这一节咱们说说运动，顺便也说一下增肌者减脂的日常活动要求。

增肌者减脂做运动有两个基本原则，建议低强度长时间运动，或者高强度间歇性运动，也就是HIIT。

为什么这么建议呢？主要考虑保持肌肉的问题。有氧运动，强度高一些的话，糖类物质的供能比例会增加；低强度运动，则主要靠脂肪供能，糖类供能比例就比较小了，所以低强度运动对直接消耗脂肪、减少肌肉的消耗很有好处。

为什么糖类供能比例小了，就能保护肌肉呢？

我们的肌肉蛋白质是无时无刻不在被氧化的，不运动的时候也会，只不过比例很小。平时日常的热量供应，肌肉蛋白质的氧化大概占2%。

但是当糖类储存少的时候，肌肉供能的比例就会提高。这个糖类储存包括血糖、肌糖原、肝糖原。血糖低了，肝糖原再不够，那怎么办？只能分解肌肉糖异生，血糖不能一直往下降，人受不了。

我们的肝糖原储量其实很有限，普通人一般也就100克左右，提供400多千卡热量，根本用不了多长时间。一夜禁食，肝糖原消耗就差不多大半了。

肌糖原储量多一些，但是肌糖原不能直接变回血糖，肌肉当中缺乏这种酶，所以肌糖原这时候帮不上忙。它或许可以间接变成血糖，估计是先变成乳酸，然后再乳酸糖异生。

所以，一定程度的饥饿、长时间的禁食，都会增加肌肉蛋白质的消耗，主要是因为糖储存减少。

运动时肌糖原少了，肌肉蛋白质氧化的比例就会提高。运动时血糖低了也是一样的道理。因为肌糖原储量虽然比肝糖原多，但还是有限，中等或中等以上强度的运动时间一长，蛋白质氧化的比例必然上升。

于是，增肌者减脂的运动如果是中等或中等以上强度的话，不建议时间太长。短时间可以，比如碳水化合物摄入足够的话，中等或中等以上强度的运动一次不超过30分钟，基本可以。

有人说，那我一次运动30分钟，然后休息1小时，再运动30分钟，这样是不是也行？不行。为什么呢？因为肌糖原的恢复比较慢，一般补充完全需要24小时左右，即便训练后立刻补糖，也不可能1小时就恢复。

而且，减脂期间饮食还有限制，能量和营养摄入本来就少，所以运动一定要小心。另外，我们运动消耗掉的肌肉蛋白质，理论上说，饮食足量之后还能补回去，但是减脂期间不能保证饮食绝对到位，这样被消耗掉的肌肉蛋白质就可能补不回去。

增肌者减脂不建议做长时间中等或中等以上强度的有氧运动，也是因为运动适应问题。有氧运动适应跟增肌是相冲突的。简单地说，有氧运动做得太多，身体会希望减少不必要的肌肉来最大化适应有氧运动的需要。

增肌人群减脂比较安全的强度是低强度，也就是轻轻松松也不累的运动，比如快步走、慢慢悠悠地骑自行车等。这些运动，持续2小时问题也不大，减脂效率虽然不高，但是时间长的话效果是一样的。

再或者就是HIIT，持续15分钟，最多20分钟，因为时间短，也问题不大。

所以，总的建议是：增肌人群减脂，应该做低强度长时间的运动，或者高强度短时间的运动。中等或中等以上强度的运动，每次时间建议不超过30分钟。

【划重点】

增肌人群减脂，建议低强度长时间运动。

当然，因为普通增肌人群减脂不要求速度很快，每天的总热量缺口建议只有300千卡，那么稍微运动运动就可以了。比如每天60分钟快步走，配合适当的饮食控制就足够了。要么就是HIIT，每次15 ~ 20分钟，每天一次（最多早晚各一次）也就够了。

下面介绍一下增肌者减脂日常活动的要求，也就是NEAT（Non-Exercise Activity Thermogenesis，非运动性热消耗）。

什么叫NEAT？就是除了有意识地运动消耗的热量之外身体活动的热量消耗。这种热量消耗，积少成多也是可以减脂的。

很多科学研究都认为，胖人和瘦人，除了运动和饮食差别之外，还有一个重要的差别，就是在NEAT方面。有一项研究发现，一组胖人和一组瘦人，饮食和运动情况都差不多，但是胖人比瘦人平均每天多坐2.5小时左右。可能就是这个差别决定了人的胖瘦。

所以，减脂的时候，除了运动、控制饮食之外，大家千万别忽略了另一种很重要的手段，就是增加NEAT消耗。

原则很简单。就是别闲着，少坐多站，少站多走，尽可能通过活动多消耗热量。比如站着看电视、边看电视边原地踏步、多步行少乘车、多爬楼梯少乘电梯，等等。

增肌者用NEAT来减脂很安全，它强度非常低，所以不用担心过量消耗糖类储存进而减少肌肉。

300千卡是增肌者减脂每天在饮食、运动方面的热量缺口，NEAT不在其中。也就是说，通过少吃或者多动制造300千卡热量缺口之外，NEAT尽可能多做就可以了。

增肌者减脂怎么调整减脂速度

增肌者减脂，想做到精确减脂不减肌，要在执行基本原则的基础上，随时根据效果来做调节，因为不管是运动还是饮食，都不可能一下子做到精确。冒进了，肌肉减得太多；保守了，脂肪减不下去。

总的来说，减快了，就多吃一点，或者减少一点运动或NEAT；

减慢了，就反过来。

增肌者减脂需要监控两个方面：一个是有没有不小心多减了肌肉，另一个是有没有减少足够的脂肪。两者监控的数据不一样。

监控减肌肉，主要是看体重。如果每周体重减少超过1斤，那么对于增肌者来说就减得太快了，要慢一点。

也就是说，要么多吃点，要么减少消耗。减少消耗简单，运动和NEAT减点量就行了；多吃点，多吃什么？主要是碳水化合物和蛋白质，脂肪这时候不是特别重要的东西。

如果减得太慢，饮食就再严格一点，比如再少吃一点，但不建议少吃蛋白质，可以减少碳水化合物和脂肪的摄入量，尤其是脂肪。

用体重衡量减肥的“效果”，不是很适合新手增肌者。新手增肌者在训练后体重的变化太复杂，受到很多因素的干扰。

我也不建议新手增肌者正儿八经地减脂。如果是新手，要么就是纯减脂，减完再增肌，要么就是纯增肌，还没到增肌稳定期就考虑保肌减脂为时尚早。

如何衡量脂肪减少的量呢？不能用体重，最好使用脂肪卡尺或者测量腰围。

脂肪卡尺也叫皮褶钳，可以直接测量皮下脂肪的厚度。这东西对于年轻人来说可以比较准确地估算体脂率。为什么是对于年轻人来说呢？因为随着年龄的增加，人的皮下脂肪厚度与内脏脂肪厚度越来越不成比例。年长者会出现内脏脂肪厚度比例明显增加的情况，所以用皮下脂肪预测内脏脂肪就不是很准确，这样用脂肪卡尺来估算体脂率的准确度就明显降低了。

另外，脂肪卡尺估算体脂率还有个问题，就是受测量操作的影响很大。比如夹得松一点紧一点，或找的位置不准确，估算出来的数据都会存在误差。

还有就是使用公式的问题。西方人的公式对我们意义不大。因为西方人的脂肪比例本身就比亚洲人低，而且内脏脂肪也比亚洲人少，肌肉比例整体要高一些。

我们用脂肪卡尺直接监控皮下脂肪的变化就可以了。

同一个位置，同样的手法，2周前3厘米，现在2厘米，毫无疑问，皮下脂肪减少了。

当然，因为脂肪卡尺本身测量的数据就比较小，所以误差会更明显。比如用卡尺测肚子，皮下脂肪减少了0.5厘米，那么再测腰围的话，减少的可能就是几厘米，甚至更多了。所以使用脂肪卡尺，最好配合测量腰围。

腰围的变化能比较好地反映脂肪的变化，而且受肌肉量增减变化的影响也不大。

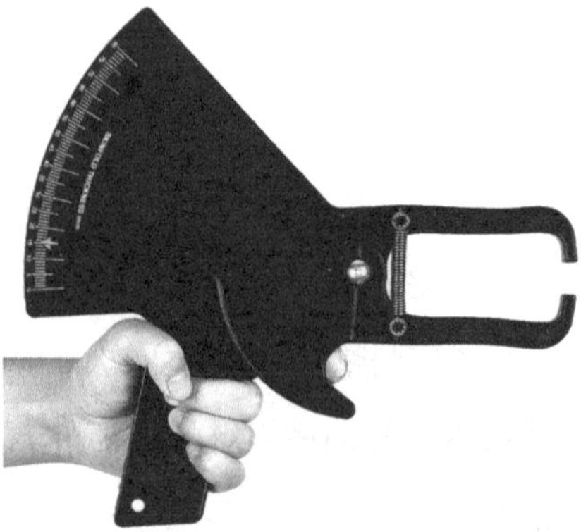

腰围减小了，脂肪卡尺测量的其他身体几个部位的皮下脂肪也减少了，那么脂肪基本就是减少了，很直观。

脂肪卡尺适合更长期地记录脂肪的变化，而短期内腰围数据则要敏感很多。推荐大家买带弹簧的卡尺。好处是夹的力度是用弹簧控制的，比较稳定。

最后再强调一点，增肌者减脂时，增肌训练一定要保持。平时怎么练，这时候还怎么练，怎么最有利于增肌就怎么练。

有的人说减脂期应该用小重量，这种说法不对。增肌者在减脂期本来就有可能丢肌肉，训练会尽可能地减少这种肌肉量的丢失。如果训练期间负重降低，训练不到位，那才会丢肌肉。

空腹做有氧运动好不好

有人喜欢早上起来空腹做有氧运动，这样好不好呢？

总的来说，空腹做有氧可能减脂效果会稍好一点点，毕竟这时候血糖比较低。血糖低的时候，脂肪的供能比例会提高一些，直接消耗脂肪的效率也会高一些。

但是，减脂还是看热量总消耗，消耗脂肪也好，消耗糖也好，都能减脂，无非是一个直接还是间接的问题，这一点大家一定要明确。

但是我们也讲了，糖储存低的时候，蛋白质的消耗也会增加。所以早上空腹做有氧运动，弊端就是肌肉蛋白质可能会丢失得多一些。

所以不是很推荐早上空腹做有氧运动。如果实在要做，则运动时需要注意以下几点：

1. 运动强度不要太高。增肌者减脂，本身对运动强度就有要求，要么低强度长时间，要么高强度短时间。早上最好是低强度或者中等强度短时间，不建议强度太高。

2. 时间不要太长。低强度的话时间也不要太长，不超过45分钟为宜。若中等强度，则不宜超过20分钟。

3. 运动前最好补充一点糖，比如运动饮料。因为补糖要考虑即刻的需要，所以吸收速度很重要。糖类吸收主要在小肠进行，胃排空时间就是吸收速度的主要限制因素。

都是糖溶液，浓度高了，胃排空时间就长了。比如浓度超过10%的糖溶液，胃排空时间就明显加长，比较适中的浓度是5% ~ 6%，或者8%。

大多数运动饮料都是这个浓度，所以早上起来先喝一点，摄入20克左右的糖就可以了。比如5%含糖量的运动饮料，就喝400毫升。

如果早上赶时间，起床就喝，喝完洗漱，大概15 ~ 20分钟后就可以运动了。运动后马上吃早餐，建议早餐的蛋白质摄入要更充足一些。